KB103705

도핑의 유혹

선수를 유혹하는 약물, 약물로 뛰는 선수

이 학 준

도펑의 유혹

발   행 | 2017년 8월 30일
저   자 | 이학준
펴낸이 | 한건희
펴낸곳 | 주식회사 부크크
출판사등록 | 2014.07.15.(제2014-16호)
주   소 | 경기도 부천시 원미구 춘의동 202 춘의테크노파크2단지 202
         동 1306호
전   화 | 1670 - 8316
이메일 | info@bookk.co.kr

ISBN | 979-11-272-2166-9

www.bookk.co.kr

머리말

지금 도핑연구가 활발한 이유는 도핑 행위가 발견되고 있기 때문이다. 도핑은 운동선수가 훈련을 통해서 경기력과 신체적 탁월성을 강화하고 공정한 경쟁에서 승리하는 것이 아니라 약물을 사용해서 경기에서 승리하려는 것에 문제가 있다. 도핑은 나쁜 것이라고 누구나 인정한다. 그 결과, 도핑은 하지도 말고, 말하지도 말아야 하는 금기어가 되었다.

이 책은 2013년 스포츠인류학연구 제8권 제1호에 발표한 원고를 바탕으로 수정과 보완하고 내용을 첨부한 것이다. 그동안 도핑의 연구 동향을 알아보았다. 그리고 도핑의 금지론과 허용론에 대하여 소개하였다. 도핑을 금지하는 행위가 정당화될 수 있는 근거를 소개하고, 도핑을 허용해야 한다는 논리를 제시하였다.

도핑은 운동 수행강화제로 잘 알려져 있다. 대표

적인 사례가 1988년 서울 올림픽 당시 100m 세계 신기록을 수립한 밴 존슨을 기억해 낼 수 있다. 당시만 해도 그는 서울 올림픽 100미터 기대주였다. 그런데도 도핑 양성판정을 받고 선수 생명을 중단하게 되었다. 그 외에도 너무나 유명한 선수들이 도핑으로 선수생명을 그만두는 경우들이 있었다.

도핑은 치명적인 유혹이다. 훈련하지 않고 약물의 힘을 빌려서 신기록과 승리할 수 있기 때문이다. 걸리지 않으면 된다는 안일한 생각이 지배적이다. 운이 나빠서 걸리면 문제가 되겠지만 걸리지 않으면 문제 될 것이 하나도 없다고 말한다. 할 것이냐, 하지 말 것인가의 유혹은 선수의 마음을 흔들어 놓는다.

자기 이익과 도덕이 충돌할 때 우리는 어떤 선택을 하는가를 묻지 않을 수 없다. 도덕이 밥 먹여 주는 것이 아니기에 자기 이익을 쫓는 경우가 많다. 도덕보다는 승리를 택하는 것은 탓할 수 없다. 선수가 어떤 승리를 할 것인가는 중요하다. 단순히 이기는 것이 중요한 것이 아니라 어떻게 승리했냐가 중요하다. 절차적 정당성이 요구되는 이유도 여기에 있다.

이 책은 그동안 도핑과 관련된 학회지 연구논문을

수집하여 연도별로 분류하였다. 현재 연구 동향을 살펴보고 도핑의 금지론과 허용론을 각각 검토하였다. 그리고 도핑의 미래를 상상해 보았다. 선수에게 도핑의 유혹은 달콤하게 다가온다. 사탕 맛에 이가 섞는 것을 모르는 것처럼, 도핑 담론에 대한 냉정한 평가가 따라주어야 한다.

2017년 8월 28일
이학준 올림

차례

1장. 서론

도핑하면 떠오르는 남자가·있다. 그 남자는 1988
년 서울 올림픽 당시에 남자 100m 경기에 참가하
여 세상을 두 번 놀라게 하였다. 그 이름은 캐나다
단거리 국가대표 선수였던 벤 존슨이다. 그가 세상
을 놀라게 한 것은 100미터 세계신기록 9.79이었고
또 한 번은 경기 다음 날 도핑검사에서 양성 반응이
나왔다는 것이다. 그는 도핑을 하지 않아도 서울올
림픽에서 금메달을 딸 수 있는 대표적인 우승후보였
다. 하지만 도핑을 함으로써 선수생활을 중단하게
된다.

만약 그가 도핑을 하지 않았다면 제24회 서울올
림픽 100미터 남자경기 우승자로 올림픽역사에 남
을 수 있었을 것이다. 지금도 올림픽 역사에 그의
이름을 남기고 있지만 그것은 좋지 않은 불명예스런
이름으로 남게 된 것이다. 도핑을 하지 않고도 좋은

기록을 유지했던 그였다. 왜 도핑을 하게 되었을까. 승리에 대한 강한 욕망, 세계 신기록을 세워야 한다는 강박관념이 작용했기 때문이라고 볼 수 있다.

내가 그의 이름을 알게 된 것은 서울올림픽을 앞두고 국가차원에서 분위기를 띄우기 위한 방안으로 방송국에서 세기의 대결, 세계에서 누가 가장 빠른가? 하는 특집 프로그램을 통하여 세계에서 가장 빠른 사나이가 밴 존슨이라는 것을 알게 되었다. 그와 맞서는 선수는 미국의 칼 루이스였다. 당시 기록 면에서 보면 칼 루이스는 벤 존슨을 이길 수 없을 정도로 실력의 차이가 있었다. 그런 그가 도핑을 했다는 것은 충격이었다. 도핑을 하지 않고도 얼마든지 승리를 할 수 있었을 것이다.

그가 도핑을 한 이유는 여러 가지가 있겠지만 우선 기록에 대한 강박관념이 크게 작용했을 것이다. "코치나 매니저가 걱정 말고 뛰기만 하라며 약물을 권하면 응할 수밖에 없다고 털어놓았다. 물론 선수가 싫다고 버틸 수는 있다. 결승진출이 걸린 정도의 경기라면 그럴 수도 있다. 그렇지만 세계 최고 선수가 되고 싶으면, 그리고 꼭 우승하고 싶으면 하겠다고 할 수밖에 없다." 누구나 벤 존슨이 100미터 우승후보라는 것을 알고 있었다. 그 당시에 부인할 수 없는 사실이었다. 그러나 그러한 당시의 분위기가 약물의 힘을 빌려서 세계를 놀라게 하고 싶었고 우승에 대한 열망이 컸었기 때문에 도핑을 할 수 밖에 없었다고 본다. 한 순간의 유혹은 유명한 선수를 모두의 관심에서 사라지게 하였다. 그가 최근 27년 만에 도핑내막[1]을 떨어놓았다.

　　운동선수가 기업과 후원계약을 맺고 경기결과가 상금과 관련이 있는 한 약물 복용의 유혹을 느끼는 구조는 변화지 않을 것이다. 운동경기가 막대한 돈이 걸린 비즈니스의 경쟁 터가 돼 버렸다. 도핑사실이 드러나면 선수만 처벌받는 상황이 서글프다. 선수들은 노예나 마찬가지다.[2]

　그는 스포츠에서 도핑이 사라지지 않은 이유를 스폰서계약과 관련성이 있다고 주장한다. "육상경기에 거액의 상금이 걸리고 스폰서 계약문제가 끼어들면 선수는 조금이라도 유리한 쪽으로 가기 위해 무슨 일이든 하게 된다." 도핑의 유혹은 아마추어선수에

---

1) 25년 전 나는 세계에서 가장 빠른 선수였지만 도핑사실이 드러나는 바람에 100미터 세계기록과 금메달, 명성까지 모든 것을 잃었다.
2) 연합뉴스, 2015년 12월 23일.

서 프로선수 심지어는 어린 선수들까지 미친다. 모든 선수는 기록과 승리에 대한 열망이 강할수록 도핑에 유혹에서 벗어나기 어려운 구조다.

최근 러시아육상연맹이 조직적으로 선수들에게 약물을 먹여서 기록을 끌어올린 사실이 들통이 났다. 벤 존슨은 이러한 사건을 보고서 다음과 같이 말하였다. "시판되는 약물만 6000종쯤 된다. 코치가 약물을 권하면 선수는 하겠다고 할 수밖에 없다. 선수들은 노예와 같다"라고 말하였다.

도핑은 선수 개인의 문제이기 보다는 주변의 구조적인 차원에서 접근할 필요가 있음을 보여주는 말이다. 단순히 선수가 승리에 대한 열망으로 도핑을 한다고 생각하지만 실제로 도핑은 지도자, 기업의 스폰서 등 주변의 다양한 영향으로 인하여 선수가 할수밖에 없다는 이야기다. 그렇다고 도핑을 한 선수에게 책임이 없다는 것이 아니다. 일차적인 책임은 도핑을 한 선수에게 있다. 하지만 그 책임을 넘어 구조적인 문제를 짓고 넘어가야 한다.

또 다른 선수는 같은 서울올림픽 100미터 여자경기에서 우승한 그리피스 조이너이다. 그녀는 당시 도핑검사에서 아무론 약물 복용의 흔적을 찾지 못했다. 그럼에도 불구하고 그녀의 도핑에 대한 의구심

을 사라지지 않고 있었다. 경기 출전을 할 때 마다
화장을 하고 그녀가 디자인한 유니폼을 입고 달렸
다. 한마디로 육상계의 패션리더 이었다. 달리기뿐만
아니라 화려한 유니폼을 그를 들어나게 화였다. 카
메라의 렌즈는 그녀의 질주하는 모습을 잡을 수밖에
없다. 하지만 더 이상 그녀를 경기장뿐만 아니라 일
상세계에서도 만날 수 없게 되었다. 올림픽 이후에
심장마비로 삶을 달리하였다. 그녀의 죽음에 대한
사유를 도핑에서 찾았지만 의심을 가질 수는 있었지
만 명확한 근거를 내놓지 못하였다.

최근 고환암을 극복하고 도로 사이클 경기에서 경
이적인 기록을 보여주었던 랜스 암스트롱이 도핑을
인정하였다. 본인이 인정하지 않고는 밝혀내기가 쉽
지 않은 도핑이 오랫동안 추적한 결과 그 역시 인정
하지 않을 수 없게 되었다. 그 동안 그가 도핑을 했
다는 의심은 있었지만 그것을 밝혀낼 수 없었다. 암
을 극복하고 경기에서 무서운 기록을 보여주었던 사
실 자체만으로 많은 암환자들에게 완치의 희망을 주
었다. 그가 암을 이겨내고 승리를 얻을 수 있었던
비밀은 도핑에 있었다는 것이 본인의 시인으로 밝혀
졌다. 이처럼 도핑은 세계적인 선수만이 아니라 국
내외의 기록경기와 체중감량이 요구되는 운동경기에

서 발견되고 있다.

국내의 대표적인 경우가 육상 단거리 이진일 선수이다. 그는 국제육상연맹의 도핑검사에서 양성반응이 나와서 선수생활을 2년간 중단해야 한다. 육상선수에게 선수생활 2년 중단은 선수생활을 영원히 중단할 수밖에 없는 중징계이다. 기대를 받고 있었던 이진일 선수에게는 가장 큰 시련이라고 할 수 있다. 이후에 선수생활을 중단하고 지도자의 길을 가고 있다. 도핑이라는 것이 얼마나 위험하고 나쁜 영향을 미칠 수 있다는 것을 확인할 수 있는 사례라고 할 수 있다.

최근에는 마린보이 박태환이 네비도라는 약물을 복용하여 파장을 일으키고 있다. 체력저하와 컨디션 조절을 위해서 병원에서 의사와의 상담을 통하여 맞은 주사가 세계도핑위원회(WADA)에서 금지약물에 포함되어 있는 약물을 투여한 사실이 밝혀졌다. 그 충격은 대단하였다. 대한민국 국민 모두가 그가 리우올림픽에서 금메달을 다시 한 번 따주기를 바라고 있는 상태에서 날벼락과 같은 소식이었다. 네비도(남성 호르몬)를 투여하여 운동수행능력을 강화시켜 광저우 아시안게임에서 금메달을 땄다. 국제수영연맹으로부터 징계로 1년 6개월을 받았다.

이후에 도핑이 발견되어 광저의 아시안게임에서 받은 메달이 박탈당하고 자격정지를 받은 상태이다. 박태환 자신뿐만 아니라 단체경기에서 받은 메달까지 박탈당하였기에 동려들의 메달도 함께 박탈당하였다. 그럼에도 불구하고 브라질 리우 올림픽을 출전하기 위해서 연습을 지속하고 있다. 문제는 국내법으로 규정하고 있는 조항으로 인하여 리우올림픽 출전을 어렵다는 점이다. 이중처벌이라는 강력한 저항이 제기되고 있다. 국제수영연맹의 징계만으로 충분한데 국내법을 적용하여 이중처벌을 받는 것은 문제가 있다고 제기되고 있다. 문제는 리우올림픽에 출전할 수 있느냐 하는 것이다. 국내여론의 추이를 지켜보고 국내법을 수정하여 리우올림픽에 참가하려고 한다. 하지만 법 개정이 이루어지지 않는 이상 박태환은 국가대표 자격으로 올림픽에 출전할 수 없다.

박태환의 도핑 관련 법원판결이 나왔다. 박태환에게 도핑 약물을 주사한 의사에게 벌금 100만원 부과하였다. 재판부는 판결문에서 의사의 설명의무에 대한 대법원 판례를 명시했다. "의사는 긴급한 경우나 특별한 사정이 없는 한 의약품 투여 전에 환자에게 질병의 증상, 치료방법의 내용과 필요성, 예상되는 생명, 신체에 대한 위험성과 부작용 등 환자의 의사결정을 위해 중요한 사항을 사전에 설명함으로써 환자로부터 치료에 응할지 스스로 결정할 기회를 갖게 해야 한다."3)

---

3) 스포츠조선, 2015년 12월 17일.

2장. 도핑의 현재: 연구동향

   그동안 도핑을 둘러싼 다양한 연구 성과물이 있었다. 체육학4)뿐만 아니라 법학5)분야에서도 다양한 성과들이 발표되었다. 대부분의 연구들이 도핑금지를 정당화하고 그 예방할 수 있는 방법과 대안에 관한 연구였다. 도핑은 나쁜 것으로 규정하고 척결해야 할 대상으로 규정하였다. 도핑을 찬성한다는 것은 용납할 수 없는 행위라고 말한다.

   ❏ 윤리적 측면에서 본 운동수행 중의 도핑에 관

---

4) 조한무, 1989; 정종훈, 1996; 당화성, 2004; 송형석, 2006a, 2010; 심승구, 김미숙, 2008; 이문성, 정재은, 2008; 황정현, 2008a, 2008b, 2011; 이문성, 손재현, 2009; 임석원, 손환, 2009; 이문성, 2010; 이호근, 2010; 이승훈, 김동규, 2011; Brown, 1980; 1984; Thomas, 1983; Lavin, 1987; Gardner, 1989; Kim, 2006; Vorstenbosch, 2010.
5) 권오걸, 1999; 김민중, 2007; 남기연, 2007a, 2007b; 최신섭, 2008a, 2008b, 2011; 윤석찬, 2010; 박영수, 2011.

한 연구6)

운동선수의 약물사용은 세계에서 더 심각한 문제 중 하나이나. 본 연구의 목적은 스포츠 윤리학의 관점에서 스포츠에서의 성과에 대한 도핑 문제를 명확히 하는 데 있다. 스포츠에서 약물 사용은 새로운 것이 아니다. 쿠퍼에 따르면 스포츠에서 약물사용으로 인한 첫 사망자는 1890년대에 에페드린을 사용하여 자신의 성적을 향상시킨 사람이 사망 한 결과가 발생했다. 운동선수의 약물 문제에 대한 가능한 해결책에 대해 많은 논의가 있었다. 문제를 해결하는 세 가지 방법, 즉 교육 프로그램 및 상담, 스포츠 내 약물사용자 및 약물중독자 단속, 스포츠에서의 경쟁 경험 격려 등을 제안하였다.

1996년에 발표된 이 논문에서 우리가 살펴볼 수 있는 것은 도핑은 척결되어야 할 대상으로 어떻게 해결할 것인가에 대하여 주목하였다. 그 해결방안은 개인적 차원에서 선수들의 도덕성을 강화할 수 있는 방안들이 제시되었다. 도핑문제의 원인을 선수들에게 찾고 있기에 해결방안 역시 선수를 어떻게 교육하여 변화시킬 것인가에 주목하였다. 선수들의 도핑

---

6) 정종훈(1996). 윤리적 측면에서 본 운동수행 중의 도핑에 관한 연구. 스포츠과학연구논문집, 14, 15-22.

은 선수 개인의 문제이기도 하지만 사회적 차원에서 구조적 문제일 수 있다. 사회의 진보 이념은 항상 기록 갱신과 신기록에 강요하다. 그 속에 작동하는 운동선수는 그 영향에서 자유롭지 못하다. 도핑의 유혹과 강요는 늘 운동선수 주변에서 손짓하고 있다.

❑ 2001년 연구동향

○ 학위논문

❑ 운동선수들의 운동보조물과 도핑에 대한 태도 및 사용실태 조사[7]

본 연구는 서울, 부산, 광주에 소재하는 대도시 고등학교 남자 운동선수 194명과 전라남도 순천, 여수, 목포에 소재하는 중소도시 고등학교 남자 운동선수 186명을 대상으로 운동 보조물과 약물복용에 대한 태도 및 사용실태를 측정 비교하였다. 본 연구에서 사용한 설문지는 김선효(1999)와 Stilger(1993)가 개발한 설문지를 수정, 보완하여 운동 보조물에 대한 태도 및 사용실태와 도핑에 대한 태도 및 사용실태에 대한 영역으로 구분하여 세부문항을 구성하였다. 조사된 자료를 분석한 결과는 다음과 같다.

1. 운동 보조물 사용 실태 조사

1) 조사결과 운동 보조물을 섭취한 학생은 23.8%(89명)로 나타났으며 가장 많이 섭취한 운동

---

7) 최원갑(2001). 운동선수들의 운동보조물과 도핑에 대한 태도 및 사용실태 조사. 미간행 석사학위논문. 전남대학교 교육대학원.

보조물로는 비타민제를 가장 많이 섭취하였으며 단백질제와 탄수화물제를 가장 적게 섭취하였다.

2) 운동 보조물을 섭취하는 가장 주된 이유로는 피로회복이 주된 이유였고 운동성적향상이 원인으로 크게 작용하지 않았다.

3) 운동 보조물의 주된 섭취 시기는 평소 건강이 좋지 않을 때만 섭취하는 편이 가장 많았고 시합을 앞둔 연습기간과 시합 중에 섭취하는 것이 가장 적게 나타났다.

2. 도핑이나 약물 복용에 대한 복용 실태 조사

1) 도핑이나 약물을 사용한 경험한 학생이 8.2%(31명)로 나타났으며 가장 많이 사용된 도핑이나 약물들로는 근육강화제와 진정제 및 진통제가 많았다.

2) 도핑이나 약물을 사용하게 된 이유는 체중 감량을 위해서와 시합 전이나 시합 중 불안을 떨치기 위해서가 높게 나타났고 피로감을 줄이기 위해서가 낮게 나타났다.

3) 학생들의 도핑이나 약물 사용에서는 운동보조물과는 다르게 본인의 결정에 의해서 가장 많이 복용함을 알 수 있었으며 학생들은 도핑이나 금지약물

사용에 대한 교육 경험이 대부분이 없는 것으로 나
타났다.

　이상의 결과에서 국내의 고등학교 운동선수들은
운동 보조물 섭취는 많은 편이나 도핑이나 약물 복
용은 외국 선수들에 비해 적은 것으로 나타났으며
도핑에 대한 지식은 신문이나 잡지와 같은 대중 매
체에서 많은 영향을 받았음을 알 수 있었다. 또한
운동보조물과 도핑에 대한 체계적인 교육이 부족한
것으로 나타나 학교 및 체육 단체에서 선수, 코치
및 감독에 대한 정기적이고 철저한 교육이 필요하다
고 사료된다.

❏ 2002년 연구동향

○ 학위논문

❒ 고등학교 운동선수들의 약물복용과 스포츠상해
의 실태조사[8]

본 연구는 고등학교에 재학 중인 운동선수들의 약
물복용과 스포츠 상해의 실태를 조사함으로써, 지도
자나 선수들이 약물복용의 오류에 빠지지 않고 오직
훈련에만 전념하여 경기나 훈련 도중 상해를 예방하
고 경기력을 향상하는데 도움을 줄 수 있는 체계적
인 내용을 제시하고자 하였다. 연구의 대상은 고등
학교에 재학 중인 운동선수 중 대도시, 중·소도시,
군단위에 소재하는 남·여 운동선수를 대상으로 운동
종목(개인 운동·단체운동·체급운동)과 지역(대도시·
중소도시·군 단위)에 따른 약물복용(사용 실태, 태
도, 지식) 및 스포츠 상해 실태를 조사하여, 교차분
석을 실시한 결과는 다음과 같다.

1. 운동종목에 따른, 지역에 따른 선수들의 약물

---

8) 임한성(2002). 고등학교 운동선수들의 약물복용과 스포츠상
   해의 실태조사. 미간행 석사학위논문. 조선대학교 환경보건대
   학원.

복용 실태, 태도 및 지식

　가. 약물복용 경험이 있는 선수가 15.3%로 나타났으며, 약물복용에 대한 최초 경험 시기는 중학교 시기에 최초 경험을 한 것으로 나타났다.

　나. 약물의 복용 횟수는 11회 이상이, 가장 많이 사용된 도핑약물로서는 근육강화제와 이뇨제가, 약물 사용 이유는 근력증강과 체중감량을 위해서가 높게 나타났다.

　다. 약물 사용의 결정은 본인에 의한 결정이 가장 많았으며, 코치에 의해서도 상당수가 있음을 알 수 있었다. 선수들이 약물을 사용하지 않은 이유로는 경기력에 도움이 되지 않는다는 응답이 가장 많았다.

　라. 선수들은 약물복용이 올바르지 않다고 교육을 받은 경험이 48.9%로 나타났으며, 금지약물에 대한 정보는 대부분 매스컴을 통해서 얻는 것으로 나타났다.

　2. 운동종목에 따른, 지역에 따른 선수들의 상해 실태

　가. 선수들의 부상 시기는 중학교시기, 하절기에, 상해 부위는 허리와 엉덩이, 그리고 발목부위, 상해의 원인으로는 체력 및 기술 부족이라는 응답이 가

장 많았다.

나. 상해의 원인이 상대방이라면 지나친 승부욕 때문, 자신 때문이라면 지나친 승부욕, 과도한 긴장, 준비 및 정리운동 부족이라는 응답의 순으로, 지도자 때문이라면 훈련강도가 너무 강해서, 환경 때문이라면 스트레스 때문에 상해를 많이 경험하는 것을 알 수 있었다.

3. 약물 복용 경험 선수와 약물 미복용 선수의 상해정도

가. 약물 복용을 경험한 선수는 고등학교시기에, 약물 복용 경험이 없는 선수는 중학교시기에 심한 부상을 당한 경험이 많은 것으로 나타났으며, 약물을 복용한 선수 중 가장 심한 부상을 당한 경험이 있는 선수는 15.9%로 나타났다.

나. 상해 시기는 모두 여름철에 상해를 많이 입는 것으로 나타나 약물 복용과 상해와의 관계를 나타내는데 어려움이 있었으며, 상해 부위로는 약물 복용 경험이 있는 선수는 허리와 엉덩이, 약물 복용 경험이 없는 선수는 발목이라는 응답이 많아 상해부위의 차이를 나타냈으며, 상해의 원인으로는 모두 체력 및 기술 부족이라고 응답한 선수가 많았다.

이상의 결과로 볼 때 약물 복용 경험과 스포츠 상

해와의 관계를 나타내는 데는 어려움이 있음을 알
수 있었다.

□ 국제 스포츠 약물정책에 대한 우리나라의 대응
방안 연구9)

한국은 1986년 아시안 게임, 1988년 올림픽,
2002년 FIFA 월드컵, 아시안 게임과 같은 세계 스
포츠 게임을 성공적으로 개최했다. 한국이 한국이라
는 사실은 의심의 여지가 없지만 10번째로 발전했
다 스포츠에서 국가는 여전히 국내 스포츠에서 도핑
문제에 대해 많은 약점을 가지고 있다. 도핑 교육이
나 광고에 관한 프로그램을 제안하는 제도가 없었으
며 정부가 우선순위를 부여하지도 않았다. 따라서
제안은 다음과 같다.

첫째, 2년 내에 세계반도핑기구를 출범시키기 전
에 한국 반 도핑기구(KADA)를 설립하여 반 도핑
시스템을 조직해야한다.

둘째, 스포츠 조직이나 선수는 도핑 활동의 조화
로운 수행을 규제하기 위해 제정 된 모든 권한을 부
여 받아야한다. 예를 들어 한국 아마추어 체육 협회

---

9) 김준래(2002). 국제 스포츠 약물정책에 대한 우리나라의 대
응 방안 연구. 미간행 석사학위논문. 한성대학교 국제대학원.

(KAAA) 위원장의 추가 계획에 대한 견해가 필요하다.

셋째, KADA에서 사용되는 예산과 세계 반 도핑 기구(WADA)에 지불해야하는 분배금을 확보하기 위한 정부의 사전 예산 확보가 필요하다.

넷째, 초기 단계에서 조직 된 KADA를 중심으로 교육, 조사, 정보 관리 및 광고와 관련된 조사와 관련된 반 도핑기구의 전략적 목표에 명시된 모든 임무를 수행해야한다.

다섯째, 선수들이 다양한 도핑 문제를 준비하도록 지시하는 스포츠 지도자와 협회는 항상 다양한 자료를 수집하거나 국제 반 도핑 정책의 주요 변경 사항을 통해 적절한 조치를 취할 수 있다.

따라서 스포츠와 관련된 과학, 법률, 의학 등 다양한 분야의 전문가들로 구성된 조직이 있어야하며 스포츠 반 도핑 활동에 영향을 주는 협회가 있어야한다. 한국은 2010년까지 밝은 미래를 위한 국가 스포츠 정책과 평창 동계 올림픽을 개최하는 나라가 되어야한다.

○ **연구논문**

❏ 스포츠에서의 약물복용과 치료를 위한 전략 모색10)

본 연구의 가장 중요한 목적의 하나는 운동선수들은 왜 이러한 약물을 사용하는가? 즉 많은 운동선수들은 잠시 국가, 개인의 영욕과 부를 위하여 자기 자신을 정신적 · 육체적으로 죽여서라도 경기 현장에서 이기려고 하는가? 이다. 그렇다면 어떠한 요인들이 선수들로 하여금 약물복용을 섭취하게 하는가를 알아보고 그 치유 전략은 무엇인가를 알아보는 것이다.

그러나 대다수의 선수들은 약물을 트레이닝이나 식사 그리고 정신적인 준비 자세와 마찬가지로 한가지의 중요한 요인으로 생각하고 있다. 우리나라는 이미 진행된 2002년 "월드컵"과 방금 전에 종료된 "부산 아시안게임"을 개최한 세계 10대 스포츠 강국임에도 불구하고 국내 도핑 문제에 관한 한 많은 취약점이 내재되어 있음을 인정하지 않을 수 없다. 그리고 앞으로 진행될 2010년 "동계올림픽 유치" 를 앞두고 국내 스포츠계에는 국가의 도핑컨트롤에 대

---

10) 최덕묵(2002). 스포츠에서의 약물복용과 치료를 위한 전략 모색. 성결신학연구. 7, 225-235.

한 활동근거를 마련(자치관찰자: Independent Observer; IO)하여 국제 반도핑 운동에 대한 움직임에 적극 참여함으로서 우리나라도 프로 스포츠뿐만 아니라 국내 모든 대회에서 도핑에 대한 문제가 거론되어져야 할 것이다.

이러한 문제를 해결하기 위해서는 운동선수들 각자를 대상으로 주기적인 약물검사와 교육 그리고 도핑에 대한 홍보가 필요하며 이를 위해 체계적인 관리와 정부의 협조가 이루어져야 할 것이다. 아울러 선수는 약물복용이 자신의 정신적, 신체적, 윤리적 타락과 승부제일주의의 체면에 걸려 선수 생명까지도 승부와 바꾸겠다는 착각에 빠지지 않도록 약물남용의 통제를 위한 치료전략을 제시하여 약물복용으로부터 안전성을 보장받아야 할 것이다.

1. 약물검사 장비의 현대화와 우리나라에도 국제올림픽위원회가 신뢰 할 수 있는 약물검사 실험실의 시설확충이 요구된다(현재에는 세계적으로 5대륙에서 27개의 실험실이 운영되고 있으며, 그 중에 우리의 한국과학기술연구원이 포함되어 있다).

2. 약물복용을 통한 스포츠의 승리가 선수 각자의 명예나 부를 안겨주는 것보다 그것이 얼마나 무모하고 헛되고 그리고 공허한 것인지를 아는 지혜와 인

간성 회복의 교육을 통한 자신의 가치정향(Value orientation)을 올바르게 설정할 수 있도록 하는 지도가 필요하다.

3. 현재 진행되고 있는 세계 스포츠 반도핑 움직임에 우리나라도 유동적이면서도 적극적으로 참여하여 선수는 물론 감독, 코치, 고위체육관계자 그리고 기타 관계자들이 잘 협력할 수 있는 법적 장치를 마련하는 것이 시급하다. 왜냐하면 도핑은 국내적인 문제뿐 아니라 국제적으로 핫 이슈가 되기 때문이다.

4. 국내경기 차원에서 개최되어지는 공신력 있는 큰 대회에서도 국제올림픽위원회에서 실시하는 규모의 통일된 약물검사 규정안이 마련되어 그대로 검사하여 신뢰성을 확보하는 것이 시급하다.

❑ 2004년 연구동향

○ 학위논문

❑ 체육계열학과 지망생들의 스포츠도핑 실태조사 분석[11].

이 연구는 우리나라 체육계열학과 학생들의 스포츠도핑에 관한 의식조사와 실기 준비과정에서의 도핑 실태를 분석하여, 스포츠도핑에 무방비로 노출되고 있는 학생들의 약물남용을 예방하고 더 이상 확산되지 않도록 하며, 더 나아가 체육 분야의 전문인으로서의 자질과 소양을 갖추며 건강한 가치관을 확립하고 유지하도록 하는데 그 목적이 있다.

이와 같은 목적을 달성하기 위하여 서울, 충청, 대전, 경기, 전라에 소재 하는 체육계열학과 학생 530명을 대상으로 조사대상자에 대한 기초조사와 스포츠도핑에 대한 인식 및 스포츠도핑실태를 비교 분석하여 다음과 같은 결론을 얻었다.

첫째, 스포츠도핑에 대한 의식은 약물에 대한 교육을 받은 학생이 24.2%, 좋은 결과에 대한 스포츠

---

11) 당화성(2004). 체육계열학과 지망생들의 스포츠도핑 실태조사 분석. 미간행 석사학위논문. 한국교원대학교 대학원.

도핑가능성은 35.1%, 스포츠도핑에 대한 간접경험은 48.1%로 나타났으며, 약물에 대한 교육경험은 02학번에서 가장 높게 나타났으며, 좋은 결과에 대한 스포츠도핑가능성은 03학번에서 가장 높게 나타났다. 또한 입시과외 경험이 있는 학생 중에서 스포츠 도핑에 대한 간접경험이 52.91%로 타군보다 높게 나타났다.

둘째, 학생들의 스포츠도핑실태는 7.5%로 나타났으며, 52.5%가 약물에 대한 사전지식이 있었고, 체력증진과 기록향상의 목적으로 도핑을 한 것으로 보여 진다. 그리고 스포츠도핑에 사용된 약물은 근육강화제, 마약성 진통제, 이뇨제의 순으로 나타났으며, 스포츠도핑은 실기 지도자와 동료 및 선후배의 권유가 많은 것으로 나타났다. 또한 약물의 구입경로도 실기 지도자와 동료 및 선후배에 의해 많이 구입된 것으로 나타났으며, 한편 67.5%가 '스포츠도핑의 효과가 있다'라고 응답하였고, 스포츠도핑 이후에 17.5%가 후유증이 있었다고 응답하였으며, 증상으로는 근육경련 및 뭉침 현상이 많이 나타났다.

넷째, 스포츠도핑의 경험이 없는 학생 중에는 10%가 스포츠도핑의 권유를 받은 것으로 나타났으며, 대부분이 실기지도자와 동료 및 선후배가 권유한 것으로 나타났다. 또한 스포츠 도핑을 하지 않은 이유는 양심적인 문제와 꾸준한 훈련으로 인한 자신감 때문이라는 응답이 가장 높게 나타났다.

이상의 결과에서 체육계열학과 지망생들의 스포츠 도핑실태는 심각한 수준이며, 실기지도자와 동료 및 선후배들에게 스포츠도핑의 대한 직접적인 영향을 받는 것으로 나타났다. 또한 스포츠도핑에 대한 체계적인 교육이 부족한 것으로 나타나 학교 및 공공기관에서의 정기적이고 체계적인 교육이 필요하다고 생각 된다.

❏ 2006년 연구동향

○ **연구논문**

❏ 도핑은 왜 비도덕적인가?: 도핑금지담론의 비판적 고찰[12]

도핑관련 담론에서 도핑은 매우 비도덕적인 행위이며, 그러한 이유에서 금지되어야만 하는 것으로 나타나고 있다. 그 이유는 다음 여섯 가지로 요약될 수 있다. 첫째, 도핑을 한 선수는 부당한 이득을 얻는 것이며, 이러한 부당한 이득은 스포츠가 제창하는 공정한 경기의 이념에 위배된다. 둘째, 도핑은 선수들의 건강에 해롭다. 셋째, 도핑은 선수가 선수로서의 신분을 유지하기 위해서 불가피하게 받아들여야만 하는 부당한 강요이다. 넷째, 한 선수의 도핑은 그에게 뒤지지 않으려는 상대 선수에게 도핑을 강요함으로서 그의 건강에 해를 끼칠 수 있다. 다섯째, 도핑은 부정적인 역할모형으로써 약물오남용을 사회적으로 확산시키고, 젊은 선수들에게 나쁜 선례를 남길 수 있다. 여섯째, 도핑은 스포츠의 구성적 요건

---

12) 송형석(2006). 도핑은 왜 비도덕적인가?: 도핑금지담론의 비판적 고찰. 한국체육학회지. 45(4), 31-39.

이라고 할 수 있는 자연성을 훼손한다. 이상에서 소개한 도핑반대이유들을 비판적으로 검토해 본 결과 그 기준이 너무나 애매하고, 그 적용이 너무나 임의적인 것으로 판명되었다. 이런 의미에서 이 도핑반대논변들은 설득력이 매우 약하다고 평가할 수 있다.

❏ 국제 도핑 기구의 금지약물 정책에 대한 비판적 정책분석[13]

본 연구는 세계반도핑기구가 채택하고 있는 운동선수들에 대한 금지약물 정책에 대한 비판을 통해서 약물 문제해결을 위한 방향성을 제시하고자 했다. 본 연구를 위해서 Fay(1987)의 비판 이론을 위한 분석 틀과 임파워먼트(Rappaport 1987: Zimmerman, 1995)의 개념을 적용하였다. Fay(1987)의 분석틀을 이용하여 본 연구는 국제도핑기구의 정책과 관련하여 다음의 문제점들을 지적하였다. 첫째, 허위의식에 대한 이론들로서 현재 국제도핑기구 가 채택하고 있는 운동선수들에 대한 엄격한 제재의 문제점과 한계를 지적하였다. 둘째, 위기에 대한 이론들로서 현재

---

13) 김남수(2006). 국제 도핑 기구의 금지약물 정책에 대한 비판적 정책분석. 한국체육정책학회지. 8, 39-51.

채택하고 있는 운동선수들에 대한 엄격한 통제와 제재는 운동선수의 약물복용문제를 해결할 수 없을 뿐만 아니라 스포츠에 대한 일반 대중들의 불신을 키워 결국에는 스포츠는 사회적 중요성과 지위를 약화시킬 위험에 대해 주장하였다. 셋째, 교육에 관한 이론들로서 이러한 문제점을 해결하기 위해서는 현재 운동선수들의 자발적 조직들의 성장발전과 이러한 조직들과 시민단체와의 연계의 필요성을 서술하였다. 마지막으로 변동에 관한 이론들로서, 운동선수 개인에 대한 엄격한 제재보다도 그들에게 영향력을 행사하는 환경적 요인들에 대한 정책적 제재 수단이 필요함을 주장하였고 운동선수들 역시 자신을 보호할 수 있는 조직을 설립하는 것에 대한 필요성을 제시하였다. 결론적으로 본 연구는 현재 금지약물 복용에 대한 문제점들은 운동선수에 대한 엄격한 제재 조치로서 해결되는 것이 아니라 오히려 그들 스스로 문제를 해결하게 하는 만들어 주는 것이 보다 합리적인 해결방법임을 비판적 정책분석을 통해서 제안하였다.

□ 생활체육에서의 스테로이드 사용 가능성[14]

시중에 급속히 확산되고 있는 스테로이드 약물은

이른바 몸 짱 열풍을 타고, 운동선수뿐만 아니라 짧은 시간 안에 몸 짱이 되고 싶어 하는 연예인들 사이에서, 그리고 살을 빼기 위한 일반여성에게까지 널리 복용하고 있는 실정이다. 그들은 의사의 처방전 없이 사용을 금하고 있는 스테로이드를 자신의 근육 강화 효과와 지방제거를 위해서 무분별하게 사용하고 있다. 탁월한 근육 강화 효과만큼이나, 치명적인 부작용을 가지고 있는 스테로이드는 짧은 시간 안에 이른바 몸 짱을 만들어야 하는 연예인들도 유혹에 쉽게 빠져든다. 고등학교 시절의 학생들은 몸 짱이 되고 싶은 마음에 단시간에 근육을 키워준다는 스테로이드를 복용한다. 스테로이드 투약은 보통 헬스클럽, 탈의실, 가정집 같은 공공한 장소에서 급속히 확산되고 있다. 스테로이드는 강력한 소염, 근육 강화 효과로 암 환자 등에게 처방되는 중독성이 강한 약물로서 장기간 복용하면 치명적인 부작용을 일으킨다. 우리나라에서는 스테로이드를 의사의 처방전이 있을 때, 치료 목적으로만 사용할 수 있도록 규제가 되어 있다. 그러나 해외에서 밀수된 스테로이드 제품들이 인터넷을 통해 광범위하게 유통되고

---

14) 한도령, 안용규(2007). 생활체육에서의 스테로이드 사용 가능성. 움직임의 철학. 15(3), 59-75.

있다. 따라서 이 글은 스테로이드 사용에 관한 문제점을 인식하고, 생활체육현장에서 급속도로 확산되고 있는 금지약물 복용에 관한 문제점을 윤리적인 측면에서 조명한 것이다. 이러한 스테로이드의 문제점을 알아보기 위해 여러 학자들의 주장을 모아 금지약물에 대한 윤리적 이유로서 제시된 공정, 건강, 강요, 타자피해, 역할모형, 자연성 등 여섯 가지 이론에 견주어 살펴보았다. 그 결과 공정 면에서는 윤리적 근거에 부적합하다고 말할 수 없었고, 다른 건강 강요, 타자피해, 역할모형, 자연성의 5가지에서 윤리적 근거에 부적합하다는 결론이 나왔다. 따라서 생활체육현장에서의 스테로이드 복용은 윤리적으로 옳지 않은 행위인 것이다.

❑ 2008년 연구동향

○ 연구논문

❏ 스포츠철학에서의 도핑 연구 경향[15)]

이 연구는 1976년부터 2008년까지 스포츠와 스포츠철학에서 도핑 관련 연구물 57편을 조사하여 년도별, 주제별로 요약 정리한 것이다. 스포츠에서의 도핑 관련 연구는 1970년대 3편, 1980년대 17편, 1990년대는 10편, 2000년대는 14편의 연구가 있었다. 주제별로는 첫째, 도핑의 역사와 정의, 금지약물 소개, 둘째, 구소련 운동선수의 약물복용실태, 셋째, 혈액도핑, 넷째, 반도핑 운동 및 반도핑기구. 다섯째, 선수들의 약물복용실태 및 인체에 미치는 영향. 여섯째, 새로운 금지약물과 검사방법의 개발로 파악할 수 있었다. 스포츠철학에서의 도핑 관련 연구는 1980년대 3편, 1990년대 3편, 2000년대 7편의 연구가 있었다. 주제별로는 첫째, 신체건강의 위험성. 둘째, 공정성. 셋째, 강제성. 넷째, 자연적과 인위적. 다섯째, 스포츠맨십과 페어플레이. 여섯째, 금지약물

---

15) 이문성, 정재은(2008). 스포츠철학에서의 도핑 연구 경향. 움직임의 철학. 16(4), 85-103.

과 금지방법으로 분류할 수 있었다. 미래의 도핑 방법은 유전자도핑 뿐만 아니라, 인공심장, 인공관절을 적용한 선수들이 경쟁경기에 참가할 것이다. 현재 유전자도핑은 검출방법이 없다. 또한 인공장기의 경우도 신체 내에 있는 경우는 파악하기 어려운 실정이다. 향후 도핑연구는 유전자도핑과 인공장기를 한 선수의 윤리성에 대한 연구일 것이라고 예상된다.

□ 반도핑에 관한 이분법적 해석16)

이 연구는 '도핑은 승리추구의 올바른 방법이 아니다'라는 명제 하에 오랜 기간 논쟁의 대상이 되어오고 있는 도핑에 관한 이분법적 해석을 하는데 목적이 있다. 연구를 진행시키기 위해서 도핑을 금지해야 하는 이유를 크게 두 가지 관점으로 구분하여 살펴보고, 이를 바탕으로 도핑 행위의 주체자에 관한 이분법적인 접근을 시도하고자 하였다. 사회적 관점에서 도핑은 스포츠맨십이나 페어플레이 정신과 같이 스포츠의 발생과 더불어 스포츠사회를 유지, 존속시켜 왔던 질서를 파괴시키는 결과를 초래한다면, 개인적 관점에서 도핑은 선수 개개인의 건강을

---

16) 황정현(2008). 반도핑에 관한 이분법적 해석. 한국체육학회지. 47(5), 15-23.

위협함으로써 스포츠가 지닌 가치를 충족시키기 보
다는 오히려 그것을 황폐화시키는 결과를 가져다준
다. 이러한 관점은 도핑이 스포츠사회에서 금지되어
야 될 이유에 당위성을 부여한다. 한편, 반도핑의 스
포츠사회에 있어서 도핑의 주체자인 선수들은 범죄
자인 동시에 희생자로 해석되었다.

□ 여성 해방과 도핑: 동독스포츠 성장의 명암[17]

최근에 들어 독일 내에서는 스포츠학, 젠더 그리
고 구동독학에서 관심을 보이면서 이 분야에 대한
새로운 연구가 한창 진행 중이다. 특히 여성스포츠
를 단순히 스포츠를 넘어서 여성해방 문제의 일환으
로 확대해 이해하려는 시도가 활발하다. 그러한 사
실을 밝히는 과정에서 과거 동독이 국가주의 스포츠
라는 목표아래 구조적으로 노출된 여성선수들의 도
핑 문제를 새로운 시선으로 바라보기 시작하였다.
동독스포츠 발전에서의 여성스포츠의 성장은 국가
주도 스포츠육성책의 추세 속에서 자아성취와 사회
진출이라는 주체적인 여성해방 의식의 결과였다. 본
고는 이러한 관점에서 기초로 하여 1949년 분단으

---

17) 심승구, 김미숙(2008). 여성 해방과 도핑: 동독스포츠 성장
   의 명암. 한국체육사학회지. 13(1), 97-109.

로 시작된 동독스포츠가 1999년 통일될 때까지 세계최고 수준의 경기력을 보였던 정치사회적 배경을 여성해방과 도핑이라는 관점에서 새롭게 이해하려는 시도이다. 약물 사용이라는 '인위적인 조작'을 통해 선수들은 의학의 힘을 빌려 더욱 강한 훈련을 감당할 수 있었고, 부상 후에는 빠른 시간 안에 재훈련이 가능하였다. 하지만, 이는 선수들 개인의 건강과 행복을 철저히 유린하는 비인권적인 국가폭력의 상징물로 해석할 수 있다.

□ **도핑에 관한 아리스토텔레스주의적 접근**[18]

이 연구는 아리스토텔레스의 사상을 통하여 스포츠에서 윤리적 논쟁의 대상이 되고 있는 도핑문제에 관한 비윤리성을 논증하기 위한 연구이다. 연구의 결과는 다음과 같다. 먼저, 도핑은 공동체의 관계에서 발생하는 침해 중에서 숙고하지 못한 결과로 발생하는 부정행위에 가깝다. 또한 선수들이 약물복용을 하는 것은 강인한 절제를 통한 내부적 쾌락보다는 물질적 보상으로부터 주어지는 외부적 쾌락에 더 심혈을 기울이기 때문인 것으로 밝혀졌다. 한편, 반

---

18) 황정현(2008). 도핑에 관한 아리스토텔레스주의적 접근. 움직임의 철학. 16(4), 31-44.

도핑의 입장을 고수하기 위해 아레테가 지닌 두 가지 개념을 통해 도핑이 반칙행위임을 증명하고자 하였다. 첫 번째 아레테가 지닌 개념은 탁월성으로서 유기체로서의 인간이 지닌 기능의 뛰어남을 의미한다. 이러한 관점에서 도핑은 인간이 지닌 기능의 탁월성에 역행하는 행위로서, 체계적인 훈련에 의해 향상될 수 있는 잠재적 능력의 가능성을 방해하는 행위로 정의된다. 두 번째 아레테의 개념은 덕의 특수한 성질로 정의되어지는 중용과의 관계를 통해 구명되었다. 이를 통해 도핑은 과도와 부족의 양극단에서 중용으로 설명되어질 수 없는 절대적으로 비도덕적인 행동이라는 결론을 도출하였다. 이상과 같은 연구결과는 오늘날과 같이 도핑을 반칙행위로 규정하고 있는 스포츠사회의 반도핑 입장에 이론적 배경을 제공할 수 있는 것으로 기대된다.

❏ 베이징 패럴림픽에 참가하는 국가대표선수의 영양보조물 섭취형태와 도핑의식 분석[19].

본 연구는 2008년 베이징 패럴림픽에 참가하는

---

19) 박기용, 김한철, 이선애, 김정윤, 문철회, 김성진(2008). 베이징 패럴림픽에 참가하는 국가대표선수의 영양보조물 섭취형태와 도핑의식 분석. 재활복지, 12(3), 55-69.

남녀 국가대표 선수들을 대상으로 최근 운동 영양보조물 섭취형태와 도핑의식을 조사ㆍ분석하는데 그 목적이 있다. 이 연구의 대상은 패럴림픽에 참가하는 국가대표선수 13개 종목의 전체 77명(남자 58명, 여자 19명) 중, 남자선수 40명과 여자선수 15명으로 구성하였으며, 모든 결과는 SPSS 14.0 통계프로그램을 이용하여 성별에 따른 영양보조물 섭취 유무와 섭취 동기, 도핑항목 인식 정도 및 도핑정보 습득경로 등을 파악하기 위해 교차분석($\chi 2$)을 실시하였고, 영양 보조물 섭취 종류와 복합섭취 형태를 알아보고자 다중응답 분석을 사용하였다.

그 결과 영양보조물을 섭취 유무에 있어서 국가대표선수 55명 중, 39명(70.9%)이 섭취하는 것으로 나타났고, 이들이 섭취하고 있는 영양보조물의 종류에는 홍삼 43명(67.1%), 한약 10명(15.7%) 등으로 나타났다.

또한 영양보조물을 섭취하게 동기에 있어서는 본인 65.5%, 주변의 권유 14.5%, 부모 12.7%, 감독ㆍ코치 3.6%의 순으로 나타났다. 도핑에 대한 이해를 묻는 질문에 있어서는 74.5%가 모르는 것으로 나타났으며, 도핑항목에 대한 지식의 습득 경로에 있어서는 감독ㆍ코치 49.1%인 반면에 한국도핑방지위원

회(KADA)에 의존하는 경우는 25.4%로 낮게 나타
났다.

국내 반도핑 전담기구인 한국도핑방지위원회
(KADA)의 설립여부를 묻는 질문에 있어서는 32명
(58.2%)의 선수가 모르는 것으로 나타났으며, 선수
들의 약물복용과 관련한 문의에 대해서는 27명
(49.1%)이 지도자인 감독·코치, 15명(27.3%)이 의사
에게 의존하여 복용하는 결과를 보였다. 특히 약물
의 복용이 빈번한 장애인 운동선수에 있어서 정보
부재로 인한 사전 지식 없이 영양 보조물과 약물의
과다 복용의 부작용은 각종 대회성적을 위하여 자신
도 모르게 도핑의 유혹에 빠져들 수 있는 오류를 범
할 수 있음을 시사하고 있다.

❏ 2009년 연구동향

○ 연구논문

❏ 전신수영복은 기술도핑인가? : 스포츠윤리학적 접근[20]

스포츠에서 장비와 도구는 기록단축을 위해서 점차 과학화되고 있는 실정이다. 지금까지 많은 스포츠과학자들은 경기력의 극대화를 위하여 장비와 도구를 연구 및 개발하고 있다. 그 중 수영 종목에서 전신수영복의 개발은 최첨단 과학의 결정체라고 할 수 있다. 전신수영복을 착용한 선수들은 평소 자신의 기록을 2초 이상 단축시켜주는 결과를 가져오기 때문이다. 이에 전신수영복은 기술도핑 이라는 논란이 발생하였다. 현재 세계수영연맹에서는 2010년 1월부터 전신수영복의 착용금지를 발표한 상태이다. 전신수영복은 2000년 시드니올림픽부터 현재까지 선수들이 착용하고 있다. 하지만 왜 2010년부터 전신수영복의 착용을 금지하는 것일까? 스포츠계가 첨단과학을 동원해서 경기력의 극대화를 가져오는 것

---

20) 이문성, 손재현(2009). 전신수영복은 기술도핑인가? :스포츠윤리학적 접근. 움직임의 철학. 17(4), 161-171.

은 최근의 일이 아니다. 때문에 이 연구에서는 전신
수영복의 착용 금지를 스포츠윤리학적 접근하여 그
부정당함을 밝히는데 목적이 있다. 따라서 스포츠윤
리학에서의 장비와 도구의 공정성 논의를 통하여 전
신수영복 착용의 금지안 보다는 표준화와 통일안을
제시하는 것이 보다 바람직한 방안이라고 사료된다.

❏ 스포츠윤리에서 도핑의 문제와 공정성[21]

이 논문은 경기력 향상을 위한 금지약물 복용의
불공정성에 대한 윤리적 근거를 제시하려는데 있다.
금지약물 복용은 어떠한 경우에도 허용되어서는 안
된다. 왜냐하면 스포츠의 본성이 공정한 경기이여야
하며, 따라서 공정성을 파괴하는 것은 어떠한 수단
과 방법도 용납되어서는 안 되기 때문이다. 그러나
금지약물 복용에 대한 경기 수행자들의 승리에 대한
유혹이나 스포츠 관계자들의 상업적 입장에서의 강
요는 도핑을 부채질하고 있는 것이 또한 현실이다.
물론 스포츠의 공정성에 대한 논의가 분분한 것은
주지하는 바이다. 혹자는 공정성 이론이 스포츠에서
약물 사용을 규제할 수 있는 정당성과 설득력이 매

---

21) 임석환, 손환(2009). 스포츠윤리에서 도핑의 문제와 공정성.
    철학탐구. 25, 215-246.

우 빈약하다고 지적하는 이들도 있다. 즉 약물복용을 금지함에 있어 그 쟁점들은 적어도 각 쟁점마다 일관성과 논리성의 문제가 제기 될 수 있기 때문이다. 만약에 경기력 향상을 위해 금지된 약물을 복용하는 것이 도덕적인 문제와 연관된 것이라고 한다면 우리는 그러한 약물에 대하여 금지의 타당 근거를 밝혀야 한다. 논자는 그 근거를 주로 불공정성에 있다는 것을 밝히면서 스포츠에서의 공정성 규범의 의미와 윤리적 관점에서 공정성의 원칙 그리고 공정한 경기의 의무를 밝히고 있다. 이러한 원칙과 의무는 스포츠 경기 수행에 있어서 당위적일 수밖에 없고 스포츠의 규칙 준수의 근거라고 본다.

□ 엘리트 선수들의 한약섭취 실태와 도핑안정성 검증[22]

이 연구는 엘리트 선수들의 한약섭취 실태와 섭취되고 있는 한약을 대상으로 국제반도핑기구(WADA) 금지약물리스트에 기재된 약물의 존재유무 검사를 목적으로 한다. 연구의 대상자는 현역 엘리트 선수 228명을 대상으로 하였으며, 대상자 중 남자

22) 김종규, 천윤석, 강성기(2009). 엘리트 선수들의 한약섭취 실태와 도핑안정성 검증. 체육과학연구, 20(4), 734-742.

128(56%), 여자 100(44%)명으로 구성하였다. 대상자들의 종목은 유도, 태권도, 탁구, 여자농구 등 14개 종목을 대상으로 하였으며, 연령은 20-24세 (남자: 54(42%), 여자: 40(40%)), 25-29세 (남자: 56(44%), 여자: 32(32%)), >30세 (남자: 17(13%), 여자: 10(10%))로 표집 되었다. 조사기간은 2006년 2월-2007년 11월 까지 2년간 조사 자료를 이용하였다. 한약 시료수거는 운동영양보조물을 섭취하고 있는 대상자 중 한약을 섭취하는 대상자를 중심으로 무선 표집을 통해 10개의 시료를 수거하였다. 분석은 한국과학기술연구원 도핑콘트롤 센터에서 실시되었다(D07-006). 한약 섭취는 남자 53.5%, 여자 62.2%였으며, 한약섭취 목적은 남녀 모두 운동 후 피로회복 능력 향상이 근력강화와 컨디션 조절보다 높은 빈도를 나타내었다. 한약섭취권유는 남자의 경우 본인에 의한 결정이 부모의 권유보다 높았으며, 여자의 경우 부모에 권유로 섭취하는 비율이 높은 것으로 나타나 성별 간에 차이가 있었다. 한약섭취 시 도핑의식은 보통이상 이라는 응답이 남자는 73.7%로 높은 의식수준이었으나, 여자는 31.4%로 낮은 의식수준인 것을 알 수 있었다. 국제반도핑기구 금지약물리스트에 기재된 약물의 존재유무를 검

사한 결과 9항목 210종 물질모두 음성의 결과를 나타내었다. 선수들에게 한약은 운동보조물로 많이 섭취되고 있으나 스포츠 현장에서 선수들에게 어떠한 효과를 나타내는지와 관련된 과학적 근거는 부족하다. 이번 연구에서 남자와 여자선수들의 한약을 섭취하는데 도핑의식에 차이가 있었으며, 여자선수들의 경우 도핑의식 수준고취와 관련된 노력의 필요성을 확인 할 수 있었다.

❏ 2010년 연구동향

○ 학위논문

❏ 아리스토텔레스 사상에 근거한 도핑 문제 탐색[23)]

이 연구는 아리스토텔레스의 주요 사상을 통하여 현대 스포츠에서 가장 문제시 되고 있는 도핑 문제를 탐색하였다. 이러한 시도는 도핑이 비윤리적 행위임을 아리스토텔레스의 철학사상을 바탕으로 체육철학의 이론적 준거를 제시하고자 하는 시도이다. 이것은 또한 아리스토텔레스의 사상을 계승 및 발전시키고자 한 노력의 일환이기도 하다. 이 연구에서는 아리스토텔레스의 저작인 『니코마코스 윤리학』, 『정치학』, 『형이상학』, 『수사학』, 『영혼론』, 『자연학』, 그리고 국내외 아리스토텔레스 관련 문헌을 참고로 하여 문헌탐구의 방법으로 연구를 진행하여 다음과 같은 결론을 얻었다.

1. 질료형상설과 도핑 문제

---

23) 이문성(2010). 아리스토텔레스 사상에 근거한 도핑 문제 탐색. 미간행 박사학위논문. 한국체육대학교 대학원.

아리스토텔레스의 주요 사상에서 질료(hyle')와 형상(eidos), 가능태(dynamis)와 현실태(energeia), 영혼과 신체의 관계는 대비적인 관계가 아닌 상호 보완적인 관계임을 확인할 수 있었다. 또한 적절한 질료에 대해서 톱과 도끼의 기능은 나무를 잘 자르는 것이고, 톱과 도끼의 가장 적절한 질료는 금이나 은이 아닌 쇠가 가장 적절한 질료라고 설명하였다. 스포츠에서 운동선수의 가장 적절한 신체(질료)는 본인의 노력과 감독 및 코치에 의하여 체계적인 훈련을 받은 신체가 가장 적절한 신체라고 할 수 있다. 반면 도핑을 한 선수의 신체는 적절한 신체라고 할 수 없다. 도핑을 한 신체는 경기력을 향상시키는 금지약물을 체내에 인위적으로 주입시키거나 금지된 방법을 사용하였기 때문에, 노인의 인공심장과 마찬가지로 자연적인 심장을 가진 선수보다 기능적인 면에서는 보다 뛰어난 기능을 발휘할 수는 있겠지만, 약물에 의존한 신체이기 때문에 자연적인 신체가 아니라 인위적인 신체인 것이다. 결국 아리스토텔레스에게 있어 질료로서 적절한 신체란 운동선수 자신의 노력과 땀, 훈련에 의한 신체만이 가장 적절한 신체라고 할 수 있는 것이다.

2. 피지스와 도핑 문제

아리스토텔레스의 피지스(physis)는 테크네(techne')의 개념과 상호보완적인 관계에 있다. 때문에 자연이 善의 목적에 이르기 어려울 때, 기술이 자연을 도와 더욱 더 자연을 완성시켜주는 것임을 알 수 있었다. 자연적인 신체 역시 기술, 즉 기능의 뛰어남이 뒷받침 되어야 더욱 더 자연적인 신체가 현실태로 발현되는 것임을 확인할 수 있었다. 스포츠에서 이상적인 신체의 의미는 善을 목적으로 피지스적 신체에 테크네를 겸비하여 탁월한 기량을 보여주는 신체를 의미한다. 운동선수는 자신의 종목에서 필요로 하는 신체를 단련하고, 기술을 습득하여 경쟁경기에서 정정당당히 승리를 추구해야만 한다. 수단과 방법을 가리지 않고 오직 승리만을 위해 도핑과 같은 인위적인 방법을 통하여 승리하는 것은 아리스토텔레스가 언급하였듯이 善을 목적으로 하는 행동이 아니기 때문에 정당한 행위가 아니라 비윤리적이고 부정한 행위인 것이다.

3. 신체의 아레테와 도핑 문제

아리스토텔레스는 신체의 아레테(arete)를 '건강', '미', '강함', '크기', '운동 경기에서의 능력'의 다섯 가지로 명시하였다. 다섯 가지 신체의 아레테는 자연적인 신체의 잠재력을 가지고 있는 신체의 아레테를 의미하며, 이 신체의 아레테는 테크네의 도움 없이는 현실화되기 어렵다는 것을 확인하였다. 아리스토텔레스가 언급한 신체의 아레테, 즉 '건강', '미', '강함', '크기', '운동 경기에서의 능력'에 최첨단 테크네(techne)의 접목이 오늘날 스포츠에서의 경기력향상이나 기록단축을 가져오는 것이라고 할 수 있다. 물론 도핑도 일종의 테크네라고 할 수 있다. 금지약물이나 금지약물을 복용하여 신체의 잠재적인 아레테를 극대화시켜 현실화시키기 때문이다. 여기서 현실화란 비겁한 승리를 의미한다. 즉 아리스토텔레스가 언급한 다섯 가지 신체의 아레테에 도핑을 하는 테크네는 善에 부합하는 행위가 아니다. 아리스토텔레스가 언급한 신체의 아레테, 즉 건강, 미, 강함, 크기, 운동 경기에서의 능력은 잠재적인 능력이다. 이 잠재적인 능력은 짐나지온에서 테크네를 익혀 현실화하는 것이다. 여기서 현실화란 도핑을 하지 않고 오직 본인의 노력과 코치의 훈련에 의하여 경기에서 탁월함을 발휘하는 것을 의미한다.

☐ 반도핑 정책의 분석 및 실행 과제 탐색[24)]

이 연구에서는 스포츠 현장에서 발생하는 도핑의 원인을 파악하고 반도핑 활동의 정당성을 제시할 것이다. 그리고 현재 시행 중인 반도핑 활동을 분석한 후 그에 대한 문제점을 제기하고, 도출된 문제점을 토대로 반도핑 활동의 향후 과제를 제시하는데 목적이 있다. 선수들이 약물을 선택하는 원인은 크게 스포츠의 외재적 가치 추구와 내재적 가치 추구에 의해 구분되어질 수 있다. 승리를 통한 물질적 보상을 목표로 하는 외재적 가치 추구가 있을 수 있으며, 순수하게 스포츠의 참가에 목적을 둔 내재적 가치 추구를 위해 도핑을 하게 되는 것이다. 도핑이 금지되어야 하는 이유는 크게 두 가지 차원에서 설명할 수 있다. 첫째, 사회윤리학적으로 도핑은 공정성에 위배되기 때문에 금지되어야 한다. 둘째, 의학적인 면에서 가벼운 두통에서부터 심하게는 사망에 이르기까지 심각한 부작용을 초래하기 때문에 금지되어야 한다. 이러한 각종 부작용을 초래할 수 있는 도핑을 근절하기 위해 세계반도핑기구 및 한국도핑방지위원회 등 각종 반도핑 기구들이 창설되고 활동하

---

24) 이승훈(2010). 반도핑 정책의 분석 및 실행 과제 탐색. 미간행 석사학위논문. 영남대학교 대학원.

고 있다. 하지만 반도핑 기구들의 노력에도 불구하고 선수 및 지도자들의 도핑에 관한 인식 및 의식수준은 매우 낮게 형성되어 있으며, 제도적으로 아직까지 발전의 여지가 남아있다고 할 수 있다. 현재에 주로 진행되고 있는 방법은 여러 가지 검사방법을 통한 적발 및 적발된 선수에 대한 제재 등으로 이루어지고 있는데, 이러한 방법으로는 부족하다고 할 수 있다. 향후 반도핑 활동이 나아가야할 새로운 방향은 크게 개인 윤리적 차원과 사회제도적인 차원이 병행되어 이루어져야 할 것이다. 먼저 개인 윤리적으로는 선수와 지도자에 대한 지속적이고 체계적인 교육이 필요할 것이다. 교육 내용은 반도핑 활동 교육과 스포츠윤리 교육이 동시에 이루어져야 되고, 이와 함께 약물의 유혹을 뿌리치고 성공한 선수들의 경험을 통한 사례 위주의 교육도 이루어져야 할 것이다. 그리고 사회제도저으로 지도자들에 대한 여건 보장 및 교육 등을 통한 처우개선이 이루어지고, 대회기간 및 여러 가지 수단을 활용한 반도핑과 스포츠윤리에 대한 대국민홍보가 이루어져야 한다. 이외에도 해당기관에서 적발자에 대한 지속적인 관심을 기울이는 등의 지속적인 노력이 이루어진다면 스포츠 현장에서 도핑의 근절은 희망으로만 끝나지 않을

것이다. 앞으로는 과학적 기술을 활용한 적발 활동
과 더불어 좀 더 근원적인 해결방안이라 할 수 있는
예방 및 방지활동에 대한 지속적인 연구가 필요할
것이라 생각된다.

○ **연구논문**

□ 존재론적 접근을 통한 도핑문제와 스포츠의 미
래[25]

이제 도핑의 문제는 더 이상 스포츠 과학만의 문
제는 아닌 것 같다. 이는 철학의 부재요 가치관의
혼란인 것이다. 이를 간과 할 때 도핑을 연구하고
통제해야 하는 스포츠 전문인(선수, 지도자, 학자)의
위치는 현재뿐만 아니라 앞으로 터전을 잃게 될 것
이며, 도핑에 대한 과제와 방안을 진지하게 모색할
수 없을 것이다. 이것은 스포츠내의 도핑에만 국한
되는 문제가 아니며, 스포츠에 대한 정체성의 도전
이기 때문이다. 결과적으로 도핑의 문제는 과학적·
윤리적 차원을 넘어 무엇이 스포츠 경쟁이고, 무엇
이 스포츠 경쟁이 아닌지를 구별하는 작업이다. 이
것은 삶의 본질과 근본 원리를 연구하는 존재론적인

---

25) 이호근(2010). 존재론적 접근을 통한 도핑문제와 스포츠의
    미래. 움직임의 철학. 18(2), 87-98.

요소가 빠져, 철학은 없고 그 부수적인 기능적 측면에서만 연구한 결과라고 판단된다. 이는 스포츠가 상업화·과학화·전문화되면서 스포츠학내에서 학제간의 연구보다는 상호 이해관계와 이익만을 위해 연구되어온 결과라고 생각한다. 결국 스포츠의 미래를 결정하는 중차대한 기준을 마련하는 일은 좀 더 객관적인 철학적 연구가 요구된다. 따라서 본 연구는 도핑에 대한 철학과 과학의 대립적인 이론 제시와 연구방법이 아닌 상호 의존적이며 상호 보완적인 통합적 사고를 통해 도핑에 대한 본질의 오류를 제거하고자 하며, 도핑에 대한 스포츠 철학과 과학의 통섭(統攝)적인 이론 제시의 촉구와 스포츠의 정체성을 재확인하는데 목적이 있다.

◻ 도핑의 예를 통해서 본 근대스포츠의 이중성[26]

도핑반대론자들은 공통적으로 도핑은 추악한 반면에 스포츠는 깨끗하다고 가정하고 논의를 개진한다. 한 마디로 도핑이 순수한 스포츠를 오염시키고 있다는 것이다. 그러나 연구자가 보기에 도핑과 스포츠는 동전의 양면처럼 서로 떼려야 뗄 수 없는 상보적

---

26) 송형석(2010). 도핑의 예를 통해서 본 근대스포츠의 이중성. 한국체육학회지. 49(3), 11-19.

관계를 맺고 있다. 양자는 도핑반대론자들의 가정처럼 서로 모순되는 상극관계에 있지 않다. 근대스포츠는 출발점부터 페어플레이나 스포츠맨십 등의 가치를 추구하는 가치합리성에 의해 주도되었을 뿐만 아니라 끊임없는 기록갱신과 승리를 목표로 하는 목적합리성에 의해 주도되어왔다. 나아가 근대스포츠가 기록향상을 위해 과학과 기술을 적극적으로 도입하면서 가치합리성은 퇴조하고 목적합리성이 주도권을 잡게 되었다. 도핑의 목적은 스포츠과학과 마찬가지로 목적합리성에 터하여 "보다 빠르게, 보다 높게, 보다 강하게"라는 스포츠이상을 실현하는 것이다. 그런 의미에서 도핑은 근대스포츠의 논리에 모순되지 않는다.

□ 도핑 규제의 법적 과제[27)

스포츠에 있어서 경기력 향상을 위하여 약물을 사용하는 불공정한 도핑행위가 국내외적인 도핑방지노력에도 불구하고 사라지지 않고 있다. 도핑은 단지 스포츠 윤리에 어긋나는 것에 그치는 것이 아니라 형사처벌의 대상이 되기도 한다. 그럼에도 불구하고,

---

27) 김용섭(2010). 도핑 규제의 법적 과제. 저스티스. 제115호. 183-202.

스포츠에 있어서 도핑을 위한 새로운 기술과 기법이 등장하고 있으며, 도핑방지기구인 한국도핑방지위원회는 이와 같은 새로운 도핑기법에 대하여 다각적으로 대처하고 있다. 스포츠단체의 스포츠도핑에 대한 규제노력에도 불구하고, 스포츠도핑은 사라지지 않고 있다. 스포츠 도핑은 공정한 경쟁을 해치기 때문에 스포츠정신에 정변으로 반한다. 스포츠내부의 규율만으로 도핑을 광범위하게 제한하는 것은 선수들의 기본권을 침해할 여지가 있기 때문에 법적으로 문제가 있다. 국가와 스포츠의 긴장관계에 따라 스포츠 선수의 인권과 스포츠 자치를 통한 도핑의 억제간의 이해조정이 필요하다. 아울러 법치국가적 관점에서 스포츠 도핑에 대한 법적인 근거를 마련하여 체계적인 도핑방지정책을 지속적으로 실천해 나갈 필요가 있다. 이를 위해서 국민체육진흥법에 도핑규정을 대폭 보완하거나 도핑규제에 관한 법률을 새롭게 제정하여 대처할 필요가 있다.

□ 도핑의 변천과 반도핑의 정당성 논의[28]

이 연구는 스포츠 현장에서 발생하는 도핑의 원인

28) 이승훈, 김동규(2011). 도핑의 변천과 반도핑의 정당성 논의. 움직임의 철학. 19(1), 15-32.

을 파악하고 반도핑 활동의 정당성을 논의하였다. 그리고 현재 시행 중인 반도핑 활동을 분석한 후 그에 대한 문제점을 제기하고, 이를 토대로 반도핑 활동의 향후 과제를 제시하였다. 반도핑의 정당성이 제기될 수 있음은 도핑은 사회윤리적 차원에서 공정성에 위배되고, 롤 모델에 의한 부작용이 초래되며, 의학적인 면에서도 심각한 문제가 발생할 수 있기 때문이다. 현재 도핑의 근절을 위해 세계반도핑기구 및 한국도핑방지위원회 등 각종 반도핑 기구들이 창설되어 활동하고 있다. 하지만 아직은 선수 및 지도자들의 도핑에 관한 인식 및 의식수준은 매우 낮게 형성되어 있으며, 제도적으로도 미비한 점이 산적해 있다. 그리하여 이 연구에서는 반도핑 활동의 정당성을 기반으로 하여 향후 반도핑 활동의 예방적 과제를 개인윤리적 차원과 사회제도적인 차원으로 분류하여 논의를 진행하였다.

❏ 도핑의 민사법적 문제[29]

스포츠에서 도핑은 엄격히 금지된다. 도핑을 금지하는 이유로는 여러 가지가 있다. 본래 운동경기에

---

29) 김민중(2010). 도핑의 민사법적 문제. 법학연구. 31, 327-355.

서의 결과는 다양한 요인에 의하여 좌우된다. 운동 경기에서 좋은 기록을 내거나 승리를 위해 좋은 장비도 필요하고, 또한 예를 들어 하드 트레이닝, 적합한 코칭, 재정적 지원, 감성적으로 적합한 환경, 심리적 상태, 신체적 조건, 적절한 메디컬 케어와 같은 다양한 요소가 충족되어야 한다. 그러나 약물에 의존하여 경기력을 향상시키는 도핑은 (ⅰ) 운동선수의 건강을 침해하고, (ⅱ) 페어 플레이정신으로 대변되는 스포츠윤리에 반하고, (ⅲ) 사회악을 조장할 우려가 있다고 하는 측면에서 금지되어야 한다고 본다. 선수가 도핑을 하면 경기에서 획득한 메달을 박탈당할 뿐만 아니라, 자격박탈, 자격정지와 같은 제재가 개인적으로 선수에게 가하여 지고, 또한 팀이나 체육단체에 대하여도 제재가 가능하다. 세계반도핑규약이나 한국도핑방지규정이 도핑선수에 대한 개인적 제재나 팀이나 체육단체에 대한 단체적 제재에 관하여 규율하고 있다. 선수가 도핑을 하면 개인이나 팀 및 스포츠단체에 대한 스포츠적 제재뿐만 아니라, 법적으로도 다양한 문제가 제기된다. 독일을 비롯한 이탈리아, 벨기에, 스웨덴, 덴마크, 스페인과 같이 이미 반도핑법을 제정한 국가도 있다. 그러나 아직 국내에는 도핑의 법적 문제를 규율하는 법률은

없다. 그러나 도핑을 규율하는 법률이 없다고 할지
라도 도핑은 민법, 형법, 공법, 노동법과 같은 여러
분야와 밀접하게 관련된다. 특히 도핑의 민사법적
과제로서는 주로 계약위반이나 도핑불법행위에 따른
책임이 문제된다.

□ 에어도핑의 윤리성 문제[30]

이 연구는 경기력 향상 보조물을 사용하는 에어도
핑이 비도덕적인 행위인지에 대한 질문을 던지면서
수영에서 활용하고 있는 에어도핑의 윤리성 문제에
대한 논의를 살펴보았다. 또한 에어도핑의 윤리적
문제에 대한 선행연구를 검토한 결과 부자연성, 불
공정, 부작용, 기술면에서는 비윤리적인 면이 발견
되었으나 미적 고려사항에서는 비윤리적이라고 말하
기 모호한 점이 발견 되었다. 이러한 선행 연구를
바탕으로 연구자는 Holowchak의 비윤리성을 판단
할 수 있는 5가지 준거에 입각하여 에어도핑의 윤
리적 문제를 부자연성, 불공정, 부작용 및 기술을 통
한 도덕적 측면을 고려하여 대입하였다. 연구의 결
과는 다음과 같다. 첫째, 에어도핑은 인체에 기구나

---

30) 한도령(2010). 에어도핑의 윤리성 문제. 움직임의 철학: 한
국체육철학회지. 18(3), 143-160.

약물을 사용하여 강제로 부력을 생기게 하여 인체에 부자연스러움을 주는 행위라고 할 수 있다. 둘째, 에어도핑은 부력의 이점을 만들어 똑같은 능력일지라도 에어도핑에 의해 선수들의 기록은 달라질 수 있기 때문에 에어도핑의 사용은 불공정하다고 할 수 있다. 셋째, 에어도핑은 선수들의 보조물에 대한 의존성으로 인하여 정신건강을 황폐화시키고 많은 공기 주입으로 인하여 대장이 파열되어 사망하게 되는 심각한 신체의 부작용을 일으킨다. 넷째, 에어도핑은 선수들이 습관처럼 사용하고 있고 이러한 사용의 누적으로 인하여 선수들 자신의 기술은 저하된다고 볼 수 있다. 마지막으로, 스포츠는 조화를 통한 탁월성을 추구한다는 점에서 에어도핑의 사용은 미적 관점에 근거하여 근절 되어야 한다고 생각된다. 이와 같이 경기력 향상 보조물의 비윤리성을 판단할 수 있는 하나의 유용한 순거를 에어도핑에 적용함으로써 에어도핑이 윤리적으로 허용될 수 없는 성격을 담고 있음을 알 수 있었다. 에어도핑의 사용은 스포츠 참가자로 하여금 경쟁에 있어서 페어플레이 정신을 약화시키고, 수단과 방법을 가리지 않고 무조건 승리하여야 한다는 가치관을 형성하게 해준다는 것을 알 수 있었으며, 에어도핑은 결코 해서는 안 되는 비윤리적 행위임을 알 수 있었다.

□ 스포츠선수의 도핑과 민사책임법리[31]

스포츠에 있어서 도핑은 스포츠 선수가 일종의 흥분제로서의 약물을 복용하여 그 선수 개인이 가지는 스포츠능력을 인위적으로 급격히 강화시켜 스포츠 경쟁에 있어서의 승부의 결과를 조작할 수도 있는 원인이 되는 것이다. 이러한 도핑은 스포츠 선수 자신이 자발적으로 실행할 수도 있으나 때로는 자기의 주치의에 의해서 비자발적으로 약물이 복용될 수도 있다. 전자의 자발적 도핑의 경우에는 주치의가 선수가 경기에서의 좋은 성적을 위하여 금지된 약물을 복용하게 하는 것인데, 여기에는 그러한 도핑에 대하여 주치의와 스포츠 선수사이에 합의가 있는 경우인 것이다. 그런데 후자의 비자발적 도핑에 있어서는 스포츠 선수는 그 약물이 부상이나 건강을 위하여 치료적 목적으로 처방된 것으로 믿고 약물을 복용하였는데, 그 약물이 치료적 목적뿐만 아니라 경기력을 향상시키는 흥분제로서의 효능도 내포하여 도핑으로 인정되는 경우이다. 도핑의 법적문제는 선

---

31) 윤석찬(2010). 스포츠선수의 도핑과 민사책임법리. 스포츠와 법. 13(3), 11-33.

수와 의사 그리고 트레이너 및 선수가 소속된 구단과의 법률관계를 중심으로 발생할 수 있다. 예를 들어 주치의에 의해서 제공된 금지된 약물을 비자발적으로 도핑 한 스포츠 선수는 자기의 신체에 대한 유해한 침해를 당한 것으로 볼 수 있다. 이러한 도핑은 약물을 사용하여 인위적인 능력을 발휘케 하는 점에서 기회균등을 촉진하고 페어플레이 정신으로 대변되는 스포츠의 정신을 훼손할 뿐만 아니라 약물로 인한 선수의 건강상 위해가 초래된다는 점에서 또한 스포츠의 정신에도 부합하지 않는다. 이러한 도핑의 사고에는 피해자가 발생하고 가해자가 존재하게 되는데 가해자는 피해자에 대하여 우선 민사적 책임으로서의 도핑에 대한 손해배상책임이 고려된다. 도핑사고에서 피해자로서의 청구권자로는 흔히 도핑을 당한 운동선수, 그 경쟁 선수, 선수구단, 관객, 경기주최자, 스폰서 능이 인정될 수 있다. 운동선수가 도핑을 하다 적발되면 우선 스포츠중재법원에 의한 제재가 주어지기도 한다. 도핑사고로 인한 책임주체별에 대한 청구권의 규범과 그 구체적 내용을 중심으로 본고는 구성되어 있다. 특히 도핑사고에서의 계약관계를 전제로 한 계약책임, 이와 병합하는 불법행위책임, 그리고 제3자 보호이론, 아울러

계약체결상의 과실 책임 법리의 적용여부에 대해서
도 검토했다. 아울러 운동선수의 경기주최자와의 계
약체결 전후에 따른 도핑의 사실은 급부의 원시적
혹은 후발적 불능의 기준이 되고 독일의 개정채권법
과 달리 우리 민법상에서는 아직 이러한 급부의 원
시적 내지 후발적 구별은 필요한 도구로서 작용한다
고 보여 진다.

❑ 2011년 연구동향

○ 연구논문

❏ 아리스토텔레스의 질료형상설과 반도핑 연구[32]

이 연구는 아리스토텔레스의 질료형상설을 통하여 현대 스포츠에서 가장 문제시 되고 있는 반도핑 문제를 탐구한 것이다. 이러한 시도는 도핑이 비윤리적 행위임을 아리스토텔레스의 철학사상을 바탕으로 스포츠철학의 이론적 준거를 제시하고자 하는 시도이다. 이 연구에서는 아리스토텔레스의 저작인 『형이상학』, 『영혼에 대하여』 그리고 국내외 아리스토텔레스 관련 문헌을 참고로 하여 문헌탐구의 방법으로 연구를 진행하여 다음과 같은 결론을 얻었다. 아리스토텔레스의 질료와 형상, 가능태와 현실태, 영혼과 신체의 관계는 대비적인 관계가 아닌 상호 보완적인 관계임을 확인할 수 있었다. 또한 아리스토텔레스의 적절한 질료에 대한 논의에서 톱과 도끼의 기능은 나무를 잘 자르는 것이고, 톱과 도끼의 가장 적절한 질료는 금, 은, 양털, 나무가 아닌 쇠가 가장

---

32) 이문성(2011). 아리스토텔레스의 질료형상설과 반도핑 연구. 움직임의 철학. 19(4), 61-73.

적절한 질료라고 하였다. 현대스포츠에서 운동선수의 가장 적절한 신체(질료)는 본인의 노력과 훈련에 의한 신체가 가장 적절한 신체라고 할 수 있다. 반면 도핑을 한 선수의 신체는 적절한 신체라고 할 수 없다. 왜냐하면 도핑을 한 신체는 경기력을 향상시키는 금지약물이나 금지 방법을 체내에 인위적으로 주입시켰기 때문이다. 도핑을 한 신체는 자연적인 신체의 선수보다 기능적인 면에서는 보다 뛰어난 기능을 발휘할 수 있을 것이다. 하지만 도핑을 한 신체이기 때문에 자연적인 신체가 아니라 인위적인 신체라고 볼 수 있다. 결국 아리스토텔레스에게 있어 적절한 신체란 도핑을 하지 않은 운동선수 자신의 노력과 땀, 훈련에 의한 신체만이 가장 적절한 신체라고 할 수 있다.

❏ 스포츠 과학기술과 반도핑[33)]

이 연구는 도핑을 과학기술 결과의 부정적 측면으로 간주하고, 반도핑의 스포츠사회가 함축하고 있는 의미에 관하여 해석을 시도하였다. 스포츠에서 과학기술은 선수의 안전을 도모하고, 심판의 정확한 판

---

33) 황정현(2011). 스포츠 과학기술과 반도핑. 움직임의 철학.
    19(3), 37-53.

정을 위해서 필요할 뿐만 아니라 선수의 경기력 향상에 절대적 영향을 미친다. 이러한 사실들로 미루어 볼 때, 스포츠는 과학기술과 절대적 상관관계에 있다고 할 수 있다. 그러나 사실 제한적이기는 하지만 과학기술의 발전은 스포츠가 지닌 가치를 내·외적으로 파괴하는 일면을 지닌다. 현대 스포츠사회의 도핑과 같은 과학기술의 부작용으로 인해 발생되는 위험성, 게임에 대한 존중성 결여, 불공정한 이점을 야기 시키는 문제점들은 스포츠사회에서 과학기술의 절대적 수용에 제지를 가하게 되었다. 그래서 반도핑 정책이 대두된 것이고, 반도핑의 스포츠 사회는 단순하게 과학기술의 금지만을 표명하고 있는 것이 아니라 오히려 스포츠가 지닌 가치에 대해 의미를 부여할 수 있는 계기를 내포하고 있다. 이는 곧 스포츠 정신을 보호하고, 스포츠 주체자를 염두에 둔 완전한 스포츠로 니아가기 위한 적극적인 대안 방법이라는데 주목할 필요가 있다.

□ 경쟁스포츠에서의 도핑행위에 대한 국가간섭의 필요성[34]

34) 박영수(2011). 경쟁스포츠에서의 도핑행위에 대한 국가간섭의 필요성. 산업경제연구. 24(5), 3041-3066.

경기력 향상을 목적으로 스포츠 경기에 참가하는 선수가 금지약물을 복용하거나, 코치나 감독이 선수에게 금지약물을 투여하거나 금지방법을 사용하는 행위를 도핑(Doping)이라고 한다. 본 연구는 고도의 훈련을 필요로 하는 경쟁스포츠에서 선수들이 왜 도핑의 유인을 갖게 되는가를 행동주의 모델에 근거하여 경제적 관점에서 검토하고, 이러한 도핑행위에 대한 국가간섭의 필요성을 정당성의 관점과 보충주의 원칙의 관점에서 분석하였다. 이러한 분석을 통해 운동선수들은 도핑약품의 사용과 관련하여 그 자신들이 이로부터 벗어나는 가능성을 갖지 못한 채 수인(囚人)의 딜레마 상황에 빠지게 될 가능성이 크다는 것을 확인했다. 따라서 도핑약품의 복용은 스포츠 경쟁의 공정성이 상실되고, 또한 선수들과 국민들의 건강을 침해하며, 스포츠 시장이 피해를 입으며, 사회적 자본의 형성이 감소하고, 스포츠의 명성이 손상되는 등 많은 부작용을 초래하게 된다는 점에서 경쟁스포츠에서의 도핑에 대한 국가간섭의 필요성과 정당성을 제기하였다. 특히, 미성년 운동선수들을 건강의 손상으로부터 보호하고, 스포츠의 대표효과라고 할 수 있는 인기 상승효과에 대한 부정적인 영향의 방지라는 차원에서는 도핑에 대한 국가간섭 행위의 필요성과 정당성은 인정된다고 할 수 있다. 다만, 경쟁스포츠에서의 도핑문제는 이와 관련된 스포츠단체들이 도핑의 저지를 위한 효과적인 수단을 사용할 수 있을 뿐만 아니라 이 수단을 효율적으로 운용할 수 있는 강한 유인을 갖고 있기 때문에, 도핑에 대한 국가간섭은 보충주의원칙에 근거하여 관련 스포츠협회 차원에서 효과적인 반도핑 정책을 추진할 수 있도록 재정적인 기여를 하는데 기본적인 목적을 두어야 할 것이다.

❑ 2012년 연구동향

○ 연구논문

❒ 도핑에 대한 엘리트스포츠 지도자의 가치관 연구[35]

현대스포츠에서 가장 크게 나타나는 특징으로는 승리를 위한 스포츠와 스포츠를 위한 승리가 혼돈을 초래 할 만큼 많은 심각한 문제점들이 나타나고 있다. 그 중 두드러지게 나타나는 도핑은 운동선수들의 안전까지 위험에 노출되게 하였다. 이에 본 연구는 운동선수와 도핑에 대한 엘리트스포츠 지도자의 가치관을 구명하고, 도핑에 대한 사전적 지식이 부족하여 도핑에 빠지는 오류를 사전에 예방하며, 스포츠현장에서의 안전한 신체 운동 수행 향상을 할 수 있는 기초 자료를 제공하는데 그 목적이 있다. 이에 따른 결과는 다음과 같다. 첫째, 운동선수와 도핑에 관계된 엘리트스포츠 지도자의 가치관으로는 기본 교육 부족, 무사안일, 공정성과 엘리트스포츠 지도자로서의 가치관은 중요타자의 역할, 전통적 방

---

35) 이종현, 왕석원(2012). 도핑에 대한 엘리트스포츠 지도자의 가치관 연구. 한국사회안전학회지, 8(2), 199-221.

법, 허용성 범위로 나타났다.

❏ 2013년 연구동향

○ 연구논문

❐ 도핑금지, 왜 당연한가?: 도핑금지의 비판과 도핑허용의 성찰[36)]

이 글은 도핑금지가 왜 당연한가에 대한 문제제기 차원에서 도핑금지의 비판과 도핑허용의 성찰에 대하여 알아보는데 목적이 있다. 이를 위하여 현재까지 논의되고 있는 도핑금지의 여섯 가지 이유에 해당하는 공정성, 자연성, 건강, 타자피해, 강요, 역할모델 등에 대한 검토를 통해서 도핑금지의 비판을 알아보고, 그 비판을 넘어설 수 있는 방안을 도핑허용의 성찰에서 찾아보았다. 무조건적 도핑허용은 위험하다는 판단에서 도핑을 허용하는데 필요 한 전제조건은 더 포괄적이고, 더 합리적이고, 더 공감적인 도덕적 판단으로 다음과 같다. 첫째, 도핑허용을 반대하는 선수가 없어야 한다(공정). 둘째, 인체에 해롭지 않아야 한다(건강). 셋째, 선수들에게 선택의 자유를 주어야 한다는 것이다(자유). 지금까지 이 세

---

36) 이학준(2013). 도핑금지, 왜 당연한가?: 도핑금지의 비판과 도핑허용의 성찰. 스포츠인류학연구. 8(1), 57-81.

가지 전제조건을 충족시키지 못하고 있기 때문에 당분간 도핑금지는 유효하다. 만약 도핑허용의 전제조건이 충족될 수 있다면 도핑을 허용하는 것은 문제가 없을 뿐만 아니라 가능하다고 생각한다. 지금까지 운동문화에서 도핑금지를 당연하게 생각하는 인습적 사고에서 벗어나 도핑금지가 왜 당연한가에 대한 탈 인습적 사고의 필요성이 요구된다.

□ 도핑의 무지[37]

2010년 10월 남자 25미터 속사권총에서 열린 장원 국민 체육 대회 금메달리스트 인 강형수는 금지물질이 검출 된 이후 1년 2개월의 엄격한 벌칙에 처해졌다. 그의 소변에서. 강씨는 경쟁 3일 전에 소화기 약을 복용했다. 그 후 DCO는 소변 샘플을 채취하여 Propranolol에 양성 반응을 보였다. 강경수는 도핑에 대해 무지하여 올림픽에 참가할 수 없었다. 이 예는 우리가 도핑에 대해 모르는 것이 일부 운동선수에게 태아 영향을 미치고 그의 문제가 안티도핑 프로그램이 부족할 때부터 시작된다는 것을 보여준다. 이 연구에 따르면, 대부분의 운동선수는 도

---

37) 채승일, 김진훈, 이호근(2013). 도핑의 무지(無知). 한국사회체육학회지. 54(1), 49-57.

핑 전문가가 아닌 코치 또는 후원자로부터 도핑에 대한 지식을 습득한다. 그들 대부분은 낮은 수준을 드러냈다. 운동선수의 각 레벨에 적합한 안티 도핑 프로그램이 필요하다. 20011 내셔널 스포츠 페스티벌에서 도핑의 사례는 없었다. 이는 지속적이고 체계적인 예방 훈련이 선수들에게 극도로 이익이 된다는 것을 보여준다. 이 연구의 목표는 운동선수의 각 단계에 적합한 반 도핑 프로그램과 지속적이고 체계적인 예방 프로그램을 통해 무지로 선수를 보호하는 것이다.

◻ 도핑과 반도핑[38]

이 연구는 도핑과 반도핑의 이해 및 관계를 살펴보기 위하여, 즉 반도핑이 과연 타당한지와 미래의 스포츠에 있어 어떠한 의미와 가치가 있는지를 논의하기 위하여 반도핑의 이해, 반도핑의 임무와 역할, 그리고 반도핑의 첨병역할을 하고 있는 도핑검사관에 대하여 고찰하였다. 반도핑이란 경기력 향상을 위하여 약물복용 및 행위 방법 등의 도핑을 방지하는 일과 예방하는 행위이다. 반도핑의 임무와 역할

---

38) 김진훈, 채승일, 이호근(2013). 도핑과 반도핑. 스포츠인류 학연구. 8(1), 41-55.

은 선수를 약물로부터 보호하고 스포츠의 물질적 가치보다는 정신적 가치를 위해서 도핑 방지를 위한 시책을 수립하고 도핑을 방지하고 예방하는 것이다. 도핑예방활동은 도핑에 대한 교육과 홍보, 그리고 도핑검사 또한 여기에 속한다. 도핑검사를 하는 자체가 도핑에 대한 교육과 홍보, 지도와 감독, 그리고 도핑에 대한 경각심을 불러일으키는 점을 감안한다면 도핑에 따른 제재보다는 도핑예방활동에 더 치중을 해야 할 것이다. 또한 도핑검사관의 정확한 이해와 인식, 그리고 처우개선이 이루어진다면 도핑이 없는 공정하고 깨끗한 스포츠 환경을 만드는데 초석이 될 것이다. 특히 도핑과 반도핑의 관계에 있어 실질적인 역할과 임무를 담당하는 도핑검사관에 대한 지속적인 연구와 논의는 정직한 스포츠문화를 만들어 가는데 일조할 수 있을 것이다.

□ 남자 청소년 태권도 선수들의 건강보조물 섭취와 도핑인식에 관한 연구[39]

본 연구는 남자 청소년 태권도 선수들의 건강보조

---

39) 조현철, 전영천, 변신규, 김종식(2013). 남자 청소년 태권도 선수들의 건강보조물 섭취와 도핑인식에 관한 연구. 한국웰니스학회. 8(3), 111-122.

물 섭취와 도핑인식을 분석하는 데 목적을 두고 J도 내 남자 중·고교 태권도 선수 152명을 모집단으로 선정하여 조사한 결과 다음과 같은 결론을 얻었다. '건강보조물을 섭취하면 운동능력이 향상 된다'가 92명(60.5%)로 나타났으며, '건강보조물은 꼭 필요하다' 88명(57.9%)으로 조사되었다. '건강보조물은 인체에 이로운 물질만 있다'의 질문에 '아니다'라고 응답한 학생들이 118명(77.6%), '건강보조물을 많이 섭취해도 인체에 무관하다' 103명(67.8%)의 학생들이 '아니다'라고 응답하였다. 남자 청소년 태권도 선수들의 건강보조물 섭취경험 차이를 알아본 결과 119명(78.3%)의 선수들이 섭취를 경험하였다. 남자 청소년 태권도 선수들의 건강보조물 섭취종류를 알아본 결과 119명의 선수들 중 한약 68명(57.1%), 종합비타민 64명(53.8%), 홍삼 59명(49.6%), 단백질 16명(13.4%), 오메가-3·칼슘 각 9명(7.6%), 철분 6명(5%), 비타민음료 1명(0.8%) 순으로 나타났다. 남자 청소년 태권도 선수들의 건강보조물 섭취동기를 알아본 결과 가족, 친지의 권유가 100명(84%)으로 높게 나타났으며, 학년 및 선수경력(p<.05)에서 유의한 차이가 있는 것으로 나타났다. 남자 청소년 태권도 선수들의 도핑항목에 대한 인식 차이를 알아

본 결과 '알고 있다' 25명(16.4%), '모른다' 127명 (83.6%)로 나타났으며, 체급(p<.01), 선수경력 (p<.01), 입상경력(p<.001)에서 유의한 차이가 있는 것으로 나타났다. 남자 청소년 태권도 선수들의 도 핑지식 습득 경로 차이를 알아본 결과 기타 46명 (30.3%), 코치·감독 44명(28.9%), 선배 16명 (10.5%) 순으로 나타났다. 학년(p<.001), 선수경력 (p<.01), 입상경력(p<.001)에서 유의한 차이가 있는 것으로 나타났다.

❏ 2014년 연구동향

○ 학위논문

❑ 댄스스포츠 선수들의 영양보조물 섭취 및 도핑
의식 실태조사40)

본 연구는 댄스스포츠 선수들의 도핑 의식 빈도
분석과 인구 통계학적 특성에 따른 영양 보조물 섭
취 유무, 섭취 형태, 섭취 목적, 섭취 권유, 도핑 의
식 등의 섭취 실태를 조사·분석하여 알아보고 이를
통해 문제점을 파악한 뒤 선수와 일선 지도자, 부모
등에게 제공하여 선수지도에 필요한 기초 자료를 제
공하는데 그 목적이 있다. 본 연구의 목적 달성을
위하여 2013년 현재 댄스스포츠 종목의 선수로 등
록되어 있는 선수를 모집단으로 선정하여 남·여 총
250부의 설문지를 배포 후 230부의 설문지를 회수
하였고, 이 중 부실하거나 신뢰성이 없다고 판단되
는 30부를 제외한 200부의 자료를 최종 분석 하였
다. 자료 수집을 위한 도구로는, 댄스스포츠 선수들
의 영양 보조물 섭취 실태를 알아보기 위해

---

40) 박수묘(2014). 댄스스포츠 선수들의 영양보조물 섭취 및 도
핑 의식 실태조사. 미간행 석사학위논문. 용인대학교 대학원.

Chadetal(1999), Sundgot-Borgen(2003), 류지숙(2005), 이승훈(2011)이 사용한 설문지를 본 연구에 맞게 보완하여 영양 보조물 섭취와 도핑에 대한 지식 및 사용 실태에 대하나 영역으로 구분하여, 세부 문항을 수정·보완 하여 사용 하였으며, 수집된 자료를 SPSS 18.0 통계 프로그램을 사용하여 현재 선수들의 영양 보조물 섭취 유무와 섭취 동기, 도핑 항목 인식 정도를 파악하기 위해 교차 분석을 실시 하였으며, 영양 보조물 섭취 종류에 따른 복합 섭취 형태를 알아보고자 다중응답분석을 사용 하였다.

이와 같은 연구 방법 및 절차를 통하여 다음과 같은 결과를 도출하였다.

첫째, 대한체육회에 가입된 댄스스포츠 선수들의 도핑의식 빈도를 분석 해 본 결과 도핑의식이 없는 선수들이 더 많은 것으로 나타났고, 의식이 있는 선수들 대부분은 태릉선수촌이나 댄스스포츠 연맹에서 교육을 받았으며 1회 이상 받은 선수는 많지 않은 것을 알 수 있었다.

둘째, 대한체육회 등록된 댄스스포츠 선수들의 인구통계학적 특성에 따른 영양 보조물 섭취 유무중 성별에 따른 섭취 유무는 남성이 섭취빈도가 높으며, 연령이 높을수록 섭취빈도도 높은 것으로 나타났고, 경력이 오래 될수록 영양 보조물 섭취빈도 또한 높은 것으로 나타났으나 영양 보조물 섭취에 학력과 소득은 크게 작용하지 않은 것을 알 수 있었다.

셋째, 대한체육회 등록되어 있는 댄스스포츠 선수들의 인구통계학적 특성에 따른 영양 보조물 섭취형태로는 남성 여성 모두 (비타민, 홍삼, 오메가3, 아미노산, 미네랄, 인삼, 황산화제, 크레아틴)순으로 모두 섭취형태가 같은 순서대로 나타났다.

넷째, 대한체육회 등록되어 있는 댄스스포츠 선수들의 인구통계학적 특성에 따른 섭취 목적으로는 성별, 연령, 경력, 학력, 소득에 따른 결과가 모두 근력향상보다는 피로 회복에 목적이 있는 것으로 나타났다.

다섯째, 대한체육회 등록되어 있는 댄스스포츠 선수들의 인구통계학적 특성에 따른 섭취권유는 성별, 연령, 경력, 학력, 소득에 따른 결과가 모두 (부모님, 본인, 주변의 권유, 감독 및 코치) 순으로 동일하게 나타났다.

여섯째, 대한체육회 등록된 댄스스포츠 선수들의 인구통계학적 특성에 따른 도핑의식은 성별, 연령, 경력, 학력, 소득과 관계없이 현재 댄스스포츠 선수

들의 도핑의식이 있는 선수들 보다 없는 선수들이
훨씬 많은 것으로 나타났다.

□ 도핑방지 교육에 따른 장애인 엘리트 선수들의
운동영양보조물 이용실태와 도핑인식의 차이 연
구41)

본 연구는 도핑방지 교육에 따른 장애인 엘리트
선수들의 운동영양 보조물 이용실태와 도핑인식의
차이를 규명하는데 목적이 있다. 본 연구를 위하여
2013년 전국장애인체육대회에 참가한 장애인 엘리
트 선수들을 대상으로 도핑교육을 이수한 집단
(n=49)과 도핑교육을 이수하지 않은 집단(n=84)으
로 구분하여 운동영양 보조물 이용실태와 도핑인식
의 차이를 조사하였다.

모든 결과는 SPSS/PC Window Ver 21.0 통계프
로그램으로 분석하였다. 응답자들의 일반적인 특성
을 알아보기 위하여 빈도분석(Frequency analysis)
을 실시하였고, 운동영양 보조물의 섭취형태를 알아
보기 위해 다중응답분석(multiple response

---

41) 김석현(2014). 도핑방지 교육에 따른 장애인 엘리트 선수들
    의 운동영양보조물 이용실태와 도핑인식의 차이 연구. 미간
    행 석사학위논문. 한국체육대학교 사회체육대학원.

analysis)을 실시하였다. 도핑교육 유무에 따른 운동
영양 보조물 섭취현황과 섭취목적 그리고 금지약물
에 대한 인식 및 지식습득경로의 차이를 규명하기
위하여 교차분석(χ2)을 실시하였고, 도핑규정에 대
한 인식의 차이를 알아보기 위해 T-test 분석을 실
시하였다. 도핑인식은 도핑교육 유무에 따라 도핑규
정과 금지약물에 대한 인식을 변수로 구성하였고,
응답형태는 1-5 Likert rating scale(매우 그렇지
않다 1 → 매우 그렇다 5)로 변수를 역코딩으로 변
경하여 결과를 산출하였다. 모든 유의검증 수준은
p<.05로 하였다.

연구결과 다음과 같은 결론을 얻었다.

1. 집단별 운동영양보조물의 섭취형태에서 도핑교
육을 이수한 집단과 도핑교육을 이수하지 않은 집단
모두 비타민, 인삼 및 홍삼, 오메가3 순으로 상위
섭취항목이 나타났다.

2. 집단별 섭취빈도에서는 도핑교육을 이수한 집
단의 67.3%, 도핑교육을 이수하지 않은 집단의
33.3%가 섭취하고 있다고 응답하였으며, 전체적으
로는 45.9%가 섭취하고 있는 것으로 나타났다.

3. 집단 간 섭취목적에서는 두 집단 모두 피로회
복 능력향상의 응답비율이 다른 항목들에 비해 가장

높게 나타났으나 집단 간에 유의한 차이는 없었다.

4. 집단 간 도핑규정에 대한 인식의 차이는 도핑교육을 이수한 집단과 도핑교육을 이수하지 않은 집단의 도핑교육 유무에 따라서 인식수준에 차이가 있었다.

5. 집단 간 도핑금지약물에 대한 인식의 차이에서 상시금지약물, 경기기간 중 금지약물, 특정 스포츠 금지약물과 금지방법은 도핑교육을 이수한 집단과 도핑교육을 이수하지 않은 집단에서 유의한 차이가 있었고, 금지약물의 성분을 포함하고 있는 한약재 종류에 대한 인식여부에서도 집단 간 유의한 차이가 있었다.

6. 집단 간 반도핑 지식의 습득경로에서도 도핑교육을 이수한 집단과 이수하지 않은 집단사이에 유의한 차이가 나타났으며 전문적인 교육과 지도자를 통한 습득의 비율이 높은 것으로 나타났다.

위와 같은 결과로 미루어 볼 때 도핑방지교육은 비장애인 엘리트 선수뿐만 아니라 장애인 엘리트 선수들을 위해 체계적으로 이뤄져야 하고, 이를 통해 도핑인식이 제고된다면 장애인 엘리트 선수들의 운동영양보조물의 이용과 도핑인식 개선에 긍정적인 영향을 미칠 것으로 예상된다.

□ 장애인 국가대표 탁구선수들의 영양보조물 섭취와 도핑교육 실태에 관한 연구[42]

본 연구는 장애인 국가대표 탁구선수들의 성별에 따른 운동영양 보조물(종합비타민, 비타민 C, 미네랄, 홍삼, 항산화제, 인삼, 아미노산, 크레아틴, 한약)섭취 유무, 섭취형태, 섭취목적, 섭취동기 및 권유, 도핑 교육 횟수, 도핑 교육방법을 조사·분석하여 사전적 지식 없이 영양 보조물의 과다 복용으로 인한 부작용에 빠지는 오류를 사전에 예방할 수 있는 자료를 선수와 부모, 일선지도자 등에게 제공하여 선수지도의 필수적인 교육 자료로 활용하는데 그 목적이 있다. 본 연구의 목적을 달성하기 위해 남자탁구선수와 여자탁구선수들을 대상으로 선정하여 남자탁구선수 14명, 여자탁구선수 10명, 총 24명을 대상으로 면밀하게 분석하였다. 자료 수집을 위한 도구로는 탁구선수들의 영양 보조물 섭취실태를 알아보기 위해 Chad et al.,(1999), Sundgot-Borgen(2003), 천윤석(2008)이 각 국의 국가대표선수를 대상으로

---

42) 김진아(2014). 장애인 국가대표 탁구선수들의 영양보조물 섭취와 도핑교육실태에 관한 연구. 미간행 석사학위논문. 용인대학교 체육과학대학원.

개발한 설문지를 토대로 우리나라 실정에 맞게 수정
보완하여 사용하였으며, 수집된 자료를 SPSS 18.0
프로그램을 사용하여 장애인 국가대표 탁구선수들의
영양 보조물 섭취 유무와 섭취목적, 섭취동기 및 권
유 등을 파악하기 위해 교차분석(X2)을 실시하였으
며, 영양 보조물 섭취 종류에 따른 복합섭취 형태
및 도핑교육방법을 분석하기 위하여 다중응답 분석
(Multiple response Analysis)을 사용하였다.

이와 같은 연구방법 및 절차를 통하여 다음과 같
은 결과를 도출하였다.

첫째, 장애인 국가대표 탁구 선수들의 성별에 따
른 운동영양보조물 섭취유무로는 여자탁구선수보다
남자탁구선수의 영양 보조물 섭취빈도가 높은 것을
알 수 있었다.

둘째, 장애인 국가대표 탁구 선수들의 영양 보조
물의 성별에 따른 섭취형태는 남성(종합비타민, 홍
삼, 비타민 C, 미네랄, 아미노산, 크레아틴), 여성(종
합비타민, 홍삼, 비타민 C, 미네랄 , 항산화제, 인삼,
아미노산, 크레아틴, 한약)순으로 나타났다.

셋째, 장애인 국가대표 탁구 선수들의 성별에 따
른 영양 보조물의 섭취 목적으로는 근력향상보다는
피로회복이 우선이라는 것으로 나타났다.

넷째, 장애인 국가대표 탁구 선수들의 성별에 따른 영양 보조물의 섭취동기 및 권유는 남성(가족/친구, 팀 동료, 팀 트레이너, 의사, 기타, 여성(가족/친구, 팀 동료, 지도자(감독, 코치), 기타)순으로 나타났으며, 전체적으로 가족/친구, 팀 동료의 권유로 영양 보조물을 섭취하는 것으로 나타났다.

다섯째, 장애인 국가대표 탁구 선수들의 성별에 따른 도핑교육의 습득방법은 남성(지침서, 정기교육, 책자, 지도자교육, 팜플렛, 인터넷), 여성(지침서, 정기교육, 인터넷, 지도자교육, 팜플렛, 책자)순으로 나타났다.

○ **연구논문**

□ **반도핑 논의를 통한 스포츠의 이상 탐구**[43]

이 연구의 목적은 스포츠에서 도핑에 대한 논쟁을 검토하고 스포츠에서 반 도핑 주장의 논리를 결정하기 위한 새로운 틀을 제시하는 것이다. 반 도핑에 대한 기존의 기술 및 윤리적 접근 방식은 이론과 실습 측면에서 많은 문제점을 가지고 있다. 존재론적 접근법을 통해 반 도핑 주장의 논리성을 확인하는

---

43) 오현택(2014). 반도핑 논의를 통한 스포츠의 이상 탐구. 한국사회체육회. 56(1), 159-169.

대안적인 접근 방법 일 수도 있다. 기존의 반 도핑 주장에서 논쟁의 여지가 있는 문제는 '재능의 윤리'로 설명되었다. 첫째, 스포츠의 본질과 가치에 대한 논의는 기존의 반 도핑 주장에서 무시되었다. 반 도핑 주장의 논리적 토대를 구축하기 위해 스포츠가 무엇을 어떻게 실천해야 하는지를 반영하고 내성적으로 조사하는 것이 도움이 될 것이다. 둘째, 기존의 반 도핑 주장에서 또 다른 논란이 되었던 문제는 운동선수의 자연적 특성에 대한 기준이었다. 우리는 자연적 특성에 대한 표준을 수립해야한다. 그렇지 않으면 스포츠는 눈의 잔치로 변질되고 단순한 오락 및 레크리에이션으로 간주된다. 셋째, 프로 도핑의 변호인은 스포츠 도핑이 공정하거나 부당하다고 판단하는 기준을 정하기 어렵다고 주장했다. 도핑을 제외하고는 스포츠의 정의를 파괴 한 사례가 많이 있을 수 있으며, 도핑이 이미 신수들 사이에서 퍼져 있었기 때문에 스포츠에서 도핑을 허용했다. 그러나 도핑은 스포츠 연습 커뮤니티를 해산시킬 수 있기 때문에 스포츠 도핑의 문제는 스포츠 공동체의 규범을 준수하는 관점에서 다루어 져야한다.

❑ 국가대표 선수들의 도핑에 대한 사고방식 및 성향44)

본 연구의 목적은 한국 선수의 도핑 관련 태도와 처분을 정량적으로 측정하는 것이었다. 제6차 동아시아 게임에 참가한 선수들(n=315) 중 도핑 지식, 도핑 이력, 반 도핑 정보 출처, 행동/자세(성과 향상 태도 척도, PEAS) 등의 설문을 통해 자료를 수집했다. 11명의 선수들과 8명의 운동선수들은 과거에 의도하지 않게 그리고 의도적으로 도핑을 사용했다고 인정했다. 열한 명의 운동선수들은 도핑을 한 다른 사람들을 알고 있다고 보고했다. 선수들은 주로 한국 반 도핑기구(48.8 %), 코치(4.8 %), 의료진(3.2 %) 또는 동료 경쟁자(3.2 %)의 반 도핑 정보를 제공 받았다. 평균 PEAS 점수는 39.85 ± 13.395였다. 속도/파워 스포츠 선수는 지구력(3.5.47 ± 12.384) 및 팀 스포츠(37.80 ± 13.869) (p = .011) 운동선수보다 높은 PEAS 점수(43.38 ± 13.522)를 보였다. 이 연구는 많은 요소가 도핑 사용에 관한 선수의 결정에 중요한 역할을 한다고 제안하였다.

44) 김은국, 김태규(2014). 국가대표 선수들의 도핑에 대한 사고방식 및 성향. 한국체육과학회지. 23(1), 215-224.

❏ 도핑방지의 규정과 정의[45]

현재 스포츠에서 현대와 상식은 도핑을 통해 나누어진다. 그러나 여전히 어휘적 의미는 과거 약물의 정의에 국한되어 있으며, 도핑의 정의에 대해서도 알고 있거나 이해하고 있다. 이 연구는 스포츠의 도핑과 도핑 방지에 관한 협약의 의미에 대한 현대적인 상식, 그리고 반 도핑 규제의 좁은 위반을 탐구하고, 다양한 문제에 관한 8가지 의도와 다양한 사고를 통해 생각한다. 이제는 스포츠에서 의도적인 문제가 아니며, 한 국가만의 도핑은 선수에게만 적용된다. 이것은 선수와 선수 요원이 도핑에 관한 이해와 인식을 위해서 더 적극적으로 행동해야 하는 의무 교육을 지속적으로 촉진하고 도핑이 필수 교육이어야 한다는 것을 지지한다.

❏ 유전자도핑과 생명윤리[46]

최근 스포츠계에 비상이 걸렸다. 그것은 바로 유전자도핑이 등장했기 때문이다. 현재 WADA(세계반

---

45) 김진훈(2014). 도핑방지의 규정과 정의. 한국사회체육학회지. 58(1), 87-96.
46) 이문성(2014). 유전자도핑과 생명윤리: 스포츠를 중심으로. 움직임의 철학. 22(2), 155-175.

도핑기구)에서는 유전자도핑을 하고 있는 선수가 있을 것이라는 추측만 있을 뿐이며, 유전자도핑을 검출할 수 있는 검사 기구를 개발하고 있는 상태이다. 유전자도핑은 일반인과 선수의 생명을 담보로 하는 인체실험이다. 유전자도핑은 나치의 우생학이 부활했다고도 볼 수 있다. 이에 이 연구에서는 유전자도핑과 생명윤리의 문제를 파악하고, 그 원인을 찾아 대안을 제시하는데 그 목적이 있다. 그 대안으로는 첫째, 유전자도핑을 법적, 국가적으로 금지시킨다. 둘째, 선수는 시합 전후에 유전자도핑 검사를 의무적으로 한다. 셋째, 모든 선수들은 유전자도핑에 의존하지 않고, 자신의 실력으로 정정당당 하게 경기에 참가한다. 넷째, 선수에게 Tag DNA 제도를 도입한다.

□ 스포츠세계의 반도핑 정책의 전개과정(1968~1999)[47]

이 연구는 1968년부터 1999년까지의 시기에 사회학적으로 초점을 맞춘 역사적으로 IOC가 추진 한 반 도핑 정책을 조사했다. 1952년 올림픽에 참가한 선수들이 마약 소지량이 많은 만큼 도핑 통제와 관

---

47) 황의룡, 김태영(2014). 스포츠세계의 반도핑 정책의 전개과정(1968~1999). 의사학. 23(2), 269-318.

련된 여론이 부상했다 도핑의 결과로 경기 도중 선수가 사망한 사건에 대해서도 마찬가지이다. 1960년부터 스포츠 경기의 많은 도핑 사건이 드러났듯이 일부 국제기구는 예방 조치를 취하기 위해 도핑에 맞서 싸우라고 선언했습니다. 1961년에 IOC는 새로 조직 내에 의료위원회를 설립했습니다. 1967년 올림픽에 참가한 모든 선수들에게 도핑 검사와 여성성 테스트를 동시에 시행하기로 결정했으며, 1968년 겨울과 여름 올림픽에서 시행되었습니다.

1971년에 이 시험에 대한 규정은 IOC헌장. 1989년부터 OCT 시스템이 경쟁 기간의 탐지 한계를 극복하기 위한 방법으로 도입되었다. 정치적으로 문제와 한계가 드러났다. WADA (World Anti-Doping Agency) 전문적으로 관리하고 도핑 관리를 추진하기 위해 1999년에 설립되었다. 여성 성 테스트 정책은 남성이 어느 정도 성별을 속여 여성 경쟁에 참여하는 것을 막는 데 기여했다. 그러나 여성 권리문제, 사회적 낙인과 고통, 성 차별 논쟁과 같은 강력한 공공 비난으로 폐지되었다.

1984년 한국에서 도핑 관리 센터가 설립되어 스포츠계에서의 마약 사용 또는 도핑이 우리 사회의 표면에 떠오르게 되었다. 한국 선수권 대회 도핑 관

런 문제를 감독하는 한국 체육 협회 및 KOC 정관
은 1990 년 개정되었다.

정관에 도핑 관련 문제를 삽입하는 행위는 IOC
도핑 정책이 시작된 지 20년이 지난 후 취해진 것
이다. 1980년대 두 차례 국제 대회를 시작으로 한
국 선수들은 도핑 검사를 직접 경험했지만 도핑에
대한 교육은 제한적이었다. 그러나 일부 국가 대표
팀 선수들은 도핑 검사에 대해 긍정적인 반응을 보
였고 징계 조치를 받았다. 또한, 운동 연맹이나 지도
자들은 비밀리에 선수 도핑을 묵인했다. 이것은 한
국도 도핑으로부터 자유롭지 않다는 것을 나타냈다.
한국 스포츠계는 매우 수동적인 대책과 개발 과정을
보여 주었다.

□ 엘리트 골프선수들의 반도핑 경향에 대한 근원
적 분석[48]

이 연구는 엘리트 골프선수의 반도핑 경향에 대해
고찰하는 데 목적이 있다. 칸트의 의무론적 윤리설
에 의하면, 윤리적인 행위를 '의무에서 나온 행위'와
'의무에 들어맞는 행위'로 구분할 수 있다고 하였다.

---

48) 이승훈, 이현우, 최봉암(2014). 엘리트 골프선수들의 반도핑
    경향에 대한 근원적 분석. 골프연구. 8(1), 7-17.

두 가지 경우 모두 동일한 결과를 초래하지만, 과정
에서 나타나는 근원적인 요소에서 큰 차이가 있을
수 있다. 이를 위해 A광역시를 소재지로 한 엘리트
골프선수들 중 비확률표집의 하나인 유목적표집을
활용하여, 최종 10명을 연구대상자로 선정하였다.
그러한 결과 첫째, 선수들의 도핑 관련 인지 수준이
저조한 것으로 나타났으며, 도핑 관련 교육의 확대
와 홍보가 이루어질 필요성이 제기되었다. 둘째, 골
프라는 종목의 특성상, 다른 종목과 동일한 적용이
아닌 보다 확대된 도핑 검사가 이루어져야 할 것이
다. 셋째, 선수의 반도핑 경향성에 대해서는 선수들
의 윤리성 함양을 위해 지속적인 윤리 교육이 시행
되어야 할 것이며, 도핑 검사를 더욱 강화하여 윤리
적 행동의 습관화를 통해 내면의 덕이 자리 잡을 수
있도록 유도하여야 할 것이다.

□ 반도핑: 스포츠의 가치 보존[49]

'건강한 몸에 건강한 정신이 깃든다.'는 말은 옛
이야기가 되었다. 승리지상주의, 상업주의 및 스포츠
과학화는 기록을 경신하고 대중의 만족에 부응하는

---

49) 한아름, 서상훈(2014). 반도핑: 스포츠의 가치 보존. 코칭능
    력개발지. 16(4), 13-23.

것이 선수들 자신의 건강보다 더 우선순위에 놓이게 만들었고, 그 결과 오늘날의 스포츠는 약물의 힘을 빌려서라도 승리하고자하는 부정적 경쟁형태가 만연하기에 이르렀다. 하지만 도핑(doping)은 선수의 신체적·정신적·사회적 건강을 해칠 뿐 아니라, 선수 간에 긴장과 불신을 낳음으로써 경기의 존엄성을 저하시킨다. 이로써 비정치적 영역인 스포츠를 통해 세계가 화합 가능하리라는 기대의 에너지를 갉아먹는 행위이다. 이에 세계반도핑기구(WADA)는 선수의 건강을 해치거나 경기의 공정성을 해칠 수 있는 약물과 방법을 매년 선정하여 발표하고 있다. 그러나 오늘날 도핑의 방법이 다양하고 교묘해짐에 따라 발표된 금지약물이나 금지방법이 도핑 방지 규정의 모두는 아니다. 그러므로 이 연구에서는 무지 혹은 방심한 탓에 숭고하게 노력한 과정이 헛되이 되지 않도록 현대사회의 도핑의 의미를 재점검하고, 도핑에 대한 규정을 올바르게 인식하고 실천하였을 때 건강한 스포츠 문화가 영위될 수 있을 것이라는 반도핑의 정당성을 제시하는데 그 목적이 있다.

❏ 엘리트 선수들의 한약섭취 실태와 도핑안전성 검증50)

이 연구는 Rasch 모형을 적용하여 우리나라 엘리트 선수의 도핑 사고성향 분석을 위한 PEAS의 타당도를 검증하는데 목적이 있다. PEAS (performance enhancement attitude scale)는 Petroczi(2006)이 제시한 선수들의 도핑(doping)에 대한 사고방식과 성향을 측정하는 척도로 17문항 6점 척도로 구성되어 있다. 국가대표 엘리트 선수 438명을 대상으로 측정하였고, Rasch 모형을 적용하여 타당도를 분석하였다. 우선 Rasch 모형의 기본가정인 일차원성을 검증하기 위해 SPSS 프로그램을 적용하여 주성분분석을 실시하였다. 문항의 적합도 검증과 측정척도 범주의 타당도, 그리고 성별에 따른 차별기능문항을 추출하기 위해 Winsteps 프로그램을 이용하였다. 분석에 모든 유의수준은 .05로 설정하였다. 자료분석 결과는 다음과 같다. 첫째, 총 17문항으로 구성된 PEAS는 일자원성을 만족하는 것으로 나타났다. 둘째, 응답범주 수의 타당도는 6점 척도 보다 5점 척도가 더 적합한 것으로 나타났다. 셋째, 문항의 적합도는 17문항 중 7문항 (문항1, 문항9, 문항10, 문항12,

---

50) 김종규, 천윤석, 강성기, 조현철(2009). 엘리트 선수들의 한 약섭취 실태와 도핑안전성 검증. 체육과학연구. **20(4),** **734-742.**

문항13, 문항14, 문항17)이 통계적으로 적합하지 못한 것으로 나타났다. 넷째, 성별에 따른 차별기능문항 분석 결과 3문항 (문항3, 문항12, 문항13)이 추출되었다. 따라서 이 연구에서 우리나라 엘리트 선수의 도핑 사고성향분석을 위한 PEAS는 9문항 5점 척도가 타당한 것으로 구명되었다.

❏ 2015년 연구동향

○ 학위논문

❏ 체육 관련학과 대학생의 입학실기 전형시 약물 사용에 대한 연구[51]

이 연구는 체육 관련학과 입시준비생들의 약물남용 실태를 파악하고, 그들의 경험과 인식을 알아보고자 하는 목적이 있었다. 이를 위하여 입시에서 불법약물 복용 경험이 있는 체육 관련학과 대학생 네명을 심층 면담하였다. 그 결과 그들은 유명 스포츠스타의 도핑이나, 입시생 및 공무원 수험생들의 부정 약물사용에 대한 인터넷 기사를 통하여 약물에대한 지식을 습득하는 것으로 나타났다. 또한 그들은 해외 직구 사이트나 지도자 등을 통해 약물을 손쉽게 구입했으며, 모두 부모의 동의 혹은 지원을 받은 것으로 나타났다. 약물 복용 경험자들인 대학생들은 입시에서의 약물 복용의 부작용에 대한 인식이부족했으며 위생 및 안전에 대한 대책도 없는 등 건

---

51) 김인중(2015). 체육 관련학과 대학생의 입학실기전형시 약물 사용에 대한 연구. 미간행 석사학위논문. 상명대학교 교육대학원.

강상 위험 요소에 노출 된 것으로 보였다. 약물복용
이 입시에서 당락에 영향을 미쳤다는 생각은 모두
하고 있지 않았으나, 이는 자기본인편향의 작용일
수도 있다. 도덕적인 측면에서 그들은 큰 수치심을
느끼지 않았으며, 이는 입시에서의 도핑테스트 부재
와 경쟁적 사회 분위기와 관련 있는 것으로 나타났
다. 후속 연구는 보다 폭넓은 대상으로 입시관련 다
양한 변인을 고려하여야 할 것이다.

□ 대학·일반부 양궁 선수들의 영양 보조물 섭취실
태와 도핑 인식에 관한 연구[52]

본 연구는 대학·일반부 양궁 선수들을 대상으로
운동영양 보조물섭취 실태와 도핑에 관한 인식을 조
사 분석하여 선수, 부모, 일선지도자들에게 정보를
제공하고 올바른 영양 보조물 섭취와 도핑 의식을
갖게 함으로써 선수의 건강과 운동수행능력 향상을
도모하는데 그 목적이 있다. 자료처리는 운동영양보
조물 인식도를 알아보기 위하여 빈도 분석을 실시하
였으며 섭취경험, 섭취동기, 도핑에 관한 인식정도

52) 최현주(2015). 대학·일반부 양궁 선수들의 영양 보조물 섭
취실태와 도핑 인식에 관한 연구. 미간행 석사학위논문. 우석
대학교 대학원.

및 도핑정보 습득경로 등을 알아보기 위하여 교차분석(x^2)을 실시 한 결과, 성별에 따른 영양보조물 인식은 '운동영양보조물도 부작용을 일으킬 수 있다'의 질문에 여자가 남자에 비해 통계적으로 유의한 차이로 높게 나타났다(P<.05). 소속에 따른 영양보조물 인식에 대한 차이는 '운동영양보조물의 성분과 효능을 알고 있다'의 질문에 일반부가 대학부에 비해 통계적으로 유의한 차이로 높게 나타났다(P<.001), '운동영양보조물은 꼭 필요하다'의 질문에 일반부가 대학부에 비해 통계적으로 유의한 차이로 높게 나타났다(P<.05). 종목에 따른 영양보조물 인식에 대한 차이는 '운동영양보조물은 꼭 필요하다'의 질문에 리커브가 컴파운드에 비해 통계적으로 유의한 차이로 높게 나타났다(P<.05).

경력에 따른 영양보조물 인식에 대한 차이는 '운동영양보조물은 꼭 필요하다'의 실문에 18년 이상이 8년 이상-13년 미만에 비해 통계적으로 유의한 차이로 높게 나타났다(P<.05). '운동영양보조물의 성분과 효능을 알고 있다'의 질문에 (P<.001), '운동영양보조물이 도핑과 연관성이 있는 것을 알고 있다'의 질문에 18년 이상이 3-8년 미만에 비해 통계적으로 유의한 차이로 높게 나타났다(P<.05). 도핑항

목에 대한 인식 결과 국제대회 입상경험에 따른 도핑항목에 대한 인식 차이는 '알고 있다'가 68명 (74.7%)로 유의한 차이가 있는 것으로 나타났다 (p<.05). 도핑교육의 필요성에 대한 인식차이 결과는 남자의 경우 도핑항목에 대해 '필요하다'가 남자 85명(91.4%), 여자 109명(94.8%)나타났으며, 소속에 따른 도핑항목에 대한 인식 결과 대학부의 경우 응답한 비율이 78명(92.9%), 일반부 116명(93.5%)로 나타났고 종목에서는 리커브가 176명(93.1%)으로 필요성을 높게 느끼는 것으로 나타났으며, 변인 간 통계적으로 유의한 차이는 없었다.

따라서 향후 올바른 영양보조물섭취와 반 도핑 활동 교육 그리고 스포츠윤리 교육이 동시에 이루어져야 할 것이며, 전문적인 지도를 위한 보수교육 및 지도자 검증 시스템의 개발이 시급하다고 생각된다.

❏ 중·고등학교 축구선수들의 영양보조물 섭취실태와 도핑인식에 관한 연구[53]

본 연구는 중·고등학교 축구선수들의 영양보조물

---

53) 신창호(2015). 중·고등학교 축구선수들의 영양보조물 섭취실태와 도핑인식에 관한 연구. 미간행 석사학위논문. 우석대학교 교육대학원.

섭취형태와 도핑의식을 알아보기 위하여 2014년 대한 축구협회 등록된 중, 고등학교 축구선수 200명을 대상으로 학년별 포지션별 섭취유무, 섭취형태, 섭취이유, 섭취동기, 도핑인식, 도핑교육 필요성을 조사·분석 하였다. 연구목적을 위한 자료처리는 SPSS 21.0 프로그램을 사용하여 중·고등학교 축구선수들의 영양보조물 섭취 유·무, 형태, 목적, 동기 및 권유, 도핑 인식 정도를 파악하기 위해 교차분석 (χ^2)을 실시하였다. 본 연구 결과는 다음과 같다.

영양보조물 섭취 유·무는 중학교 85명, 고등학교 91명으로 고등학생의 영양보조물 섭취가 조금 높았다. 포지션별로는 미드필더가 60명으로 가장 높게 나타났다. 영양보조물 섭취 형태를 살펴보면 중·고등선수 모두 홍삼 61명(30.5%), 한약55(27.5%), 비타민 17명(8.5%)이 많았다 포지션별 섭취형태에서도 홍삼, 한약, 비다민 순으로 나타났다. 영양보조물 섭취 동기에서는 중학교 50명(50%), 고등학교 55명(55%)로, 포지션별 섭취동기에서는 모든 포지션에서 부모님의 권유가 가장 높게 나타났다. 영양보조물 섭취이유에서는 중학교 29명(29%), 고등학교 36명(36%), 두 그룹에서 영양보충이 가장 많았고 포지션별 섭취 이유에서 공격수 건강증진 20명(35.7%),

미드필더는 영양보충 31명(45.6%), 수비수 건강증진 16명(32%), 골키퍼 영양보충 7명(26.9%)로 건강증진이 가장 높았다.

도핑교육 유·무에서는 대부분의 선수들(182명, 91%)이 도핑교육을 받지 않은 것으로 나타났다. 도핑지식 습득 방법으로는 중·고등학교 축구선수 모두 지도자 9명(4.5%), 전문서적 및 잡지 9명(4.5%), 선배 7명(3.5%)로 나타났고 165명(82.5%)는 도핑지식이 없는 것으로 나타났다. 도핑 중요도 인식에 대한 결과는 중·고등학교 축구선수들 모두 40명(40%), 45명(45%)로 '그렇지 않다'가 가장 높았고 '보통이다' 38명(38%), 30명(30%)로 다음 순으로 나타나 도핑에 대한 인식이 좋지 않은 것으로 나타났다. 도핑교육 필요 여부에 대한 결과는 중·고등학교 축구선수가 각각 61명(61%), 71명(71%)로 필요하다고 응답하였다.

본 연구결과를 살펴보면 중·고등 선수들이 운동수행능력 향상을 이유로 많은 영양보조물 섭취를 하고 있지만 도핑인식 부족으로 인해 정확한 처방에 의한 영양보조물 섭취가 이루어지고 있지 않음을 알 수 있었으며, 체계적인 도핑교육 프로그램을 통해 성인 선수로 성장하고 국내·외 각종 대회에서 도핑에서 자유로울 수 있도록 청소년 선수들의 도핑교육이 이루어져야 할 것이다.

□ 태권도 선수들의 도핑에 대한 실태와 사고 성향 분석54)

본 연구는 태권도 선수들에게 제공할 효율적인 반도핑 프로그램을 개발하는 데에 유용한 자료로 활용하기 위해 태권도 선수들의 도핑 실태를 확인하고, 도핑에 대한 사고 성향을 분석하여 이를 비교하는데에 그 목적이 있다. 이를 위해 2015년 국내 소재의 중학교, 고등학교, 대학교 및 실업팀에 소속된 태권도 선수들 중 비례층화추출법을 이용하여 본 연구의 목적과 절차에 대한 설명을 듣고 자발적으로 동의한 1,086명의 선수들을 연구대상으로 선정하였다. 이후 배경변인에 대한 문항과 도핑 실태에 대한 문항, 그리고 도핑에 대한 사고 성향에 대한 문항으로 구성된 설문지를 작성하도록 한 후, 수집된 자료를 통해 인구통계학적 특성과 도핑 실태의 차이를 확인하고 이에 따른 도핑에 대한 사고 성향을 확인한 결과는 다음과 같다.

---

54) 임수정(2015). 태권도 선수들의 도핑에 대한 실태와 사고 성향 분석. 미간행 석사학위논문. 경희대학교 체육대학원.

첫째, 태권도 선수들의 성별, 소속, 입상에 따라 운동영양보충제와 종합감기약 섭취, 도핑 관련 정보 경험, 도핑교육 유무 및 도핑검사 경험 유무와 관련된 문항에 응답한 비율이 통계적으로 유의한 차이가 나타났다. 또한, 엘리트 선수들의 금지 약물 및 금지된 행위 인지와 소속과 입상에 따라 통계적으로 유의한 차이가 나타났으나, 성별에서는 통계적으로 유의한 차이가 나타나지 않았다. 반면, 엘리트 선수들의 부주위로 인한 금지 약물 복용과 고의로 인한 금지 약물 복용 비율은 성별, 소속, 입상에 따라 통계적으로 유의한 차이는 나타나지 않았다.

둘째, 태권도 선수들의 성별, 소속, 입상경험 유무에 따른 도핑에 대한 사고 성향(PEAS 점수)의 차이를 분석한 결과 모든 인구통계학적 특성에서 통계적으로 유의한 차이가 나타났다.

셋째, 태권도 선수들의 운동영양보충제 섭취유무, 의사 처방 없이 종합감기약을 섭취한 경험의 유무, 도핑 금지 약물과 금지 행위에 대한 인지 여부, 도핑 금지 약물과 금지 행위에 대한 정보경험 여부, 반도핑 교육 유무에 따른 도핑, 도핑검사 경험 유무, 도핑행위 인지 횟수, 금지된 약물 복용여부에 따른 도핑에 대한 사고 성향의 차이를 분석한 결과 모든 도핑 실태별 사고 성향(PEAS 점수)에서 유의한 차이가 나타났다.

본 연구의 결과, 금지 약물과 금지된 행위 인지 및 도핑교육 받은 비율은 중학교에 소속된 태권도 선수가 가장 낮은 반면 실업팀에 소속된 태권도 선수가 가장 높았으나, 도핑에 대한 사고 성향은 중학교에 소속된 태권도 선수보다 실업팀에 소속된 선수들이 더 관대함을 보였다. 중학교와 고등학교, 대학교 및 실업팀에 소속되어 있는 태권도 선수들 각각에게 부합되고, 그들의 도핑 실태와 사고 성향을 고려한 효율적인 반도핑 프로그램을 개발되어야 할 것이다.

❏ 핸드볼 선수의 영양제 복용과 도핑인식에 관한 조사연구[55]

최근 엘리드 선수의 약물 복용과 무분별한 보충제의 복용으로 선수 개인의 건강은 물론 해당 국가의 위상에 심각한 부작용을 야기하고 있는 실정이다. 이러한 무분별한 약물 복용의 문제에 대한 해결책을

---

55) 김종두(2015). 핸드볼 선수의 영양제 복용과 도핑인식에 관한 조사연구. 미간행 석사학위논문. 한국체육대학교 사회체육대학원.

찾고자 핸드볼 엘리트 선수를 대상으로 보충제 복용과 도핑 인식에 관한 연구를 실시하였다.

특히 핸드볼 선수는 운동의 기본 요소인 뛰고, 달리고, 던지는 동작이 빈번하여 체력의 소모가 많고 이를 보충하기 위한 방편으로 영양제를 복용하는 사례가 많다. 그러나 비인기 종목인 관계로 선수들의 도핑에 대한 교육과 그에 관련한 정보를 얻는 것은 다소 부족하다고 사료된다. 따라서 최근 각종 세계대회 및 동남아 대회에서 우수한 성적을 거두고 있는 핸드볼 선수들에 대한 전문적인 도핑검사와 약물 복용에 대한 이해도를 높여줄 필요성이 제기되고 있는 실정이다.

이에 본 연구는 엘리트 핸드볼 선수(중, 고등, 대학, 실업) 남자 146명, 여자 84명 총 230명을 대상으로 2014년 소년체육대회 및 전국체육대회에서 설문지 조사법을 사용하여 진행하였다. 설문지 결과를 토대로 선수들의 영양제 복용실태 및 금지약물 인지, 검사방법, 처벌에 대한 조사 및 타당도 검사, 신뢰도 분석, 성별 및 영양제 이용 빈도, 운동경력에 따른 교차분석을 실시하였다.

본 연구 결과 핸드볼 선수들의 영양제 복용실태 및 도핑검사의 의식에 대한 정보 및 교육 등이 부족함을 파악할 수 있었으며, 이러한 결과를 종합하여 볼 때 선수는 물론 팀 지도자 및 학부모들에 대한 홍보와 교육이 지속적으로 이루어 져야 한다는 결론을 얻을 수 있었다.

○ **연구논문**

□ 도핑을 둘러싼 공리주의와 의무론[56]

스포츠에서의 도핑 문제는 가장 극복해야 할 문제임은 틀림없는 사실이다. 따라서 도핑 행위에 대하여 무엇을 해도 개인의 자유라는 개념을 적용한다면 도핑행위는 어떤 근거의 자유 개념이 적용되어야 하는 것인가? Mill의 개념에 의하면 자유는 자기 자신에게만 관계되는 부분에 대해서는 절대적인 자유가 확보되어야하나, 타인과 관계되는 부분에 대해서는 사회가 이를 규제할 수 있다고 보았다. 이러한 관점에서 도핑의 행위는 스포츠의 공정성을 해치며 타인에게 위해가 되는 행위임에 금지되어야 한다. 또한 Kant에 의하면 인간의 행위를 자유로운 행위로 만드는 조건은 행위의 의도성, 동기와 목적이 아니라 행위 자체가 지닌 도덕성이라고 하였다. Kant 윤리

---

56) 김석기(2015). 도핑(doping)을 둘러싼 공리주의와 의무론. 움직임의 철학. 23(1), 19-41.

학의 핵심개념은 의무인데, 이는 어떤 행위의 도덕적 가치와 도덕성은 그 행위가 산출한 결과에 있지 않고, 오로지 의무에 적합한 행위인가 아닌가에 따라서 결정된다. Kant의 의무론적 윤리관에 의하면 도핑은 언제, 어디서나, 누구에 의한 것이든 나쁜 행위이다. 그것은 의무에서 행한 행위가 아니라 개인의 경향성에서 나온 것이기 때문에 도덕적으로 선하지 않다는 것이다. Kant는 오직 의무에서 행한 행위만이 도덕적으로 선 하다는 것이다. 누구나 도핑은 나쁘다고 생각한다. 그 이유는 스포츠가 지니고 있는 보편적 윤리 기준에 어긋나는 행동이기 때문이다. 이처럼 공리주의와 의무론은 도핑금지의 보편타당한 도덕 윤리로 정당성을 얻을 수 있다. 또한 이들 윤리이론의 검토는 반 도핑에 대한 도덕적 사고의 규범과 윤리를 정초해야 하는 스포츠에서의 당위적 명제이다.

□ 도핑검사 확대와 관련한 쟁점 및 실행과제[57]

이 연구는 도핑검사와 관련하여 제기될 수 있는

---

57) 이승훈, 김동규(2015). 도핑검사 확대와 관련한 쟁점 및 실행과제. 움직임의 철학. 23(1), 43-62.

문제들을 논의한 후 그에 대한 실행과제를 탐색하였다. 현대스포츠의 일탈 중 도핑은 최근 부각되고 있는 가장 심각한 문제이다. 도핑 자체는 스포츠에 대한 일탈행위로서 공정성, 롤 모델, 강요, 부작용 등으로부터 그 근거를 찾을 수 있다. 반도핑의 다양한 주장 중 건강에 대한 부작용 문제는 스포츠를 넘어 사회적인 문제로까지 확대될 수 있다. 이에 도핑의 근절을 위해서 현행 검사가 유의해야 할 쟁점으로서 이 연구에서는 대상선정의 공정성 문제, 검사의 빈도와 관리 문제, 도핑검사 절차와 방법 등이 논의되었다. 그리고 이러한 문제와 관련한 실행과제로서 첫째, 도핑검사 대상선정의 공정성과 다양화, 둘째, 검사의 빈도와 교육 및 홍보의 확대, 셋째, 도핑검사 절차와 방법의 과학화 등이 제시되었다. 이러한 과제들은 도핑검사의 체계화와 근절에 기여할 수 있을 것으로 본다.

❑ 프로스포츠 반도핑 정책 개선방안: 한미프로리그 비교 중심58)

도핑의 역사는 길다. 하지만 오늘날 프로스포츠

---

58) 박은균, 김종채(2015). 프로스포츠 반도핑 정책 개선방안: 한미프로리그 비교 중심. 스포츠와 법. 18(1), 37-63.

리그에서처럼 도핑이 중요한 문제로 떠오른 적은 많지 않다. 스포츠 정신의 근간 위에 시작해 상업화, 승리지상주의, 과학기술의 발전 등으로 급성장한 프로스포츠 리그가 도핑이란 문제와 직면한 것은 당연한 귀결일 수도 있다. 선수 개인에게는 일탈행위로, 프로스포츠 리그에게는 구조적인 문제로 지적되는 도핑을 사전에 예방하고 재발을 방지하기 위해서는 실효성 있는 법적, 제도적 장치가 필요하다. 스포츠 정신에 반하는 도핑은 결국, 프로리그의 신뢰를 무너뜨려 프로리그의 근간을 뿌리 채 흔들고 그 성장동력도 멈추게 할 수 있기 때문이다. 국민체육진흥법에 근거한 한국도핑방지위원회(KADA)설립과 함께 프로야구(KBO)를 시작으로 프로농구(KBL), 프로축구(K-League) 등 국내 주요 프로스포츠 리그들이 반도핑 규정을 제정해 시행해오고 있다. 이들 규정들의 법적, 제도적 쟁점이 무엇인지 살펴보는 한편, 미국 4대 프로리그인 메이저리그(MLB), 미식축구리그(NFL), 미프로농구(NBA), 북미아이스하키리그(NHL)의 반도핑 정책과 비교해 봄으로써 국내 프로스포츠 리그의 반도핑 규정 및 정책의 개선점을 모색하는 것은 유의미한 일이 될 것이다. 아래에서는 스포츠 정신의 고찰과 반도핑 정책의 필요성, 그리고 프로스포츠리그의 반도핑 정책의 법적 근거와 국내 프로스포츠 리그의 반도핑 정책을 살펴보고 미국 주요 프로스포츠 리그의 반도핑 정책을 비교해 봄으로써 국내 반도핑 정책의 실효성 확보를 위한 시사점을 모색해 본다.

□ 현대적 범죄와 그 개선방안 : 도핑징계의 이중처벌에 관한 고찰59)

지난 2월 수영의 간판스타인 박태환 선수가 2014년 아시안게임 출전 당시 금지약물을 복용한 혐의로 세계수영연맹(FINA)로부터 18개월의 자격정지라는 징계처분을 받았다. 기간이 적절한지 여부에 대해 의견이 분분하지만, 세계반도핑위원회(WADA)가 금지약물의 복용에 대하여 엄격한 결과책임을 묻는 만큼, 도핑방지규정에 의해 면책되는 것이 쉽지는 않을 것이다. 매년 선수의 도핑위반행위로 몸살을 앓고 있는 각 스포츠단체로서는 대책의 일환으로 징계수위를 높이고 있는데, WADA-Code에 의하면 올해 1월부터 도핑선수에 대한 자격정지기간도 2년에서

---

59) 남기연(2015). 현대적 범죄와 그 개선방안 : 도핑징계의 이중처벌에 관한 고찰. 홍익법학. 16(2), 53-77.

4년으로 늘어난 것도 이와 맥락을 함께한다. 다만, 4년이라는 자격정지기간이 선수로서의 생명을 단절시킬 정도로 과도한 것은 아닌가 하는 논란도 제기되고 있다. 대한체육회의 '국가대표 선발규정' 제5조 제6호에 의하면, 체육회나 경기단체로부터 도핑징계처분을 받은 자는 징계기간이 만료된 날로부터 3년이 경과하지 않으면 국가대표로 선발될 수 없다고 규정하고 있다. 이에 따르면 박태환 선수는 징계기간이 만료되는 2016년 3월 이후인 2016년 8월에 개최되는 리오올림픽 대회에 국가대표로 선발될 수 없게 된다. 이와 같은 대한체육회의 도핑선수에 대한 국가대표 선발제한 규정에 대해서는 상위 규정과의 충돌이나 적절성 등을 이유로 논란의 대상이 되고 있다. 도핑위반행위로 징계처분을 받았음에도 불구하고 별도의 추가적인 징계를 부과한다는 것이 '이중처벌금지의 원칙(ne bis in idem)'에 위반될 수 있기 때문이다. 이미 IOC의 Osaka-Rule과 영국 올림픽위원회(BOA)의 도핑방지규정에 대하여 세계스포츠중재재판소에서(CAS)에서 무효라고 판단한바 있으며, 그 논거로 WADA-Code에 위반된다는 점을 명시하고 있다. 이러한 점에서 대한체육회의 동 규정은 스포츠단체가 갖는 자치권의 내용 중 규칙제정권의 허용 범위를 벗어났을 뿐만 아니라, WADA-Code의 이중처벌금지 규정에 위배됨과 동시에 선수 개인의 직업선택의 자유에 대한 심각한 침해를 초래하기 때문에 그 정당성을 잃고 있다고 판단된다.

◻ 도핑검사관의 현실과 이상[60]

이 연구는 도핑검사관의 문헌고찰방법을 통하여 도핑과 반도핑에 있어 도핑검사관의 이상과 현실에 대하여 고찰하였다. 도핑과 도핑검사관에 대한 전반적인 이해를 위하여 한국도핑방지위원회인 KADA와 도핑검사관의 역할과 의무에 대하여 탐구하였으며, 여기에 도핑검사관의 존재에 대한 본질적인 논의를 위하여 주업무인 도핑검사와 도핑교육 및 홍보에 대하여 고찰하였다. 첫째. 도핑검사는 도핑검사관의 주업무이자 반도핑 활동에 꼭 필요하면서 중요한 업무이다. 도핑검사는 스포츠의 이상인 정신적 가치를 추구하며, 현실적으로 선수의 건강보호를 위해 실시된다. 둘째. 도핑교육 및 홍보이다. 도핑검사 자체도 도핑방지를 위한 예방이 되기도 하지만 한계가 있

---

60) 김진훈, 이호근(2015). 도핑검사관의 현실과 이상. 한국체육학회지. 54(4), 407-416.

다. 이에 KADA는 도핑검사와 그 외 시간을 이용하여 도핑검사 대상자와 일반 대중들에게도 도핑방지 교육을 진행한다. 마지막으로 연구자는 도핑검사관과 도핑교육홍보전문 강사로 활동하면서 전반적으로 도핑과 반도핑에 대한 이해와 인식부족으로 어려움이 많이 뒤따르고 있지만, 자부심과 열정으로 아직까지 현장을 누비고 있다. 도핑검사관의 현실과 이상사이에서 도핑검사관의 정체성을 찾고자 내일도 현장에서 존재할 것이다.

❏ 의무론적 관점에서의 도핑검사 비판론과 개선방안[61]

이 연구는 도핑검사에 대한 윤리적 문제를 제기하고 그에 대한 개선방안을 제시하는데 목적을 두고 있다. 고대 그리스 올림픽에서부터 이어진 선수들의 도핑은 경쟁이 과열되고 있는 현대에 이르러 더욱 심각한 수준이다. 이를 방지하기 위해 도핑검사라는 수단은 반드시 필요한 절차이며 제도이지만, 검사과정에서 문제가 제기된다. 도핑검사에 대해서 규범윤

---

61) 이승훈(2015). 의무론적 관점에서의 도핑검사 비판론과 개선방안. 움직임의 철학. 23(3), 81-100.

리학 이론을 적용해보았을 때, 목적론적 관점에서는 도핑검사의 찬성론으로 직결될 수 있으며, 의무론적 관점에서는 비판론으로 이어질 수 있다. 이 연구에서는 도핑검사를 목적론과 의무론이라는 두 관점에서 해석한 후, 의무론적 관점인 비판론에 초점을 맞추면서 향후개선방안을 제시하였다. 개선방안으로는 도핑검사 절차의 변화와 더불어 선수개인의 의식 전환이 필요함을 강조하였다. 이러한 결론은 도핑검사 자체를 비판하는 것이 아니라 도핑검사의 필요성을 강조하면서도 절차상의 문제를 비판함으로써 보다 과학적이고 윤리적인 방안으로의 변화를 제기하는 논변이다.

❏ 유전자 도핑의 윤리적 쟁점과 대응방안[62]

이 논문의 목적은 약물복용을 통한 도핑의 문제를 넘어 유선사 도핑이 야기할 수 있는 윤리직 문제짐을 탐색하고 그에 대한 대응방안을 제안하는 데 있다. 이러한 목적을 위해 먼저 유전자 도핑의 개념과 방법에 대하여 고찰하고 유전자 도핑에 대한 국내 연구현황을 파악하였다. 이를 토대로 스포츠에서 유

---

62) 김지호, 이은비, 박성주(2015). 유전자 도핑(Gene Doping)의 윤리적 쟁점과 대응방안. 한국체육학회지. 54(4), 43-58.

전자 도핑이 초래할 수 있는 윤리적 문제점을 다음의 4가지 측면에서 분석하였다: 1) 스포츠에서 치료와 강화의 개념의 모호성; 2) 인체의 위험성; 3) 공정성; 4) 롤 모델. 끝으로, 유전자 도핑을 방지하기위한 방안으로 공익광고의 활용, 특별법 제정, 지속적인 연구를 통한 검출방법 모색, 스포츠윤리 교육프로그램 운영을 제안하였다. 본고는 유전자 도핑은스포츠 본연의 가치를 훼손하며, 결국 스포츠의 존립 자체를 위협할 수 있기 때문에 유전자 도핑을 예방할 수 있는 근본적인 방안에 대한 지속적인 연구가 필요함을 역설하였다.

❏ 도핑의 진화: 스포츠윤리학적 접근[63]

도핑은 매년 진화하고 있다. 과거에도, 현재에도, 미래에도 도핑은 계속 진화하고 있다. 세계반도핑기구에서는 도핑검사방법을 매년 개발하고 있지만 선수들은 계속 새로운 약물과 새로운 방법으로 도핑을하고 있는 실정이다. 이에 이 연구에서는 초기의 약물과 도핑 사건(1960년-1998년), 중기의 약물과 도핑사건(1999년-2013년), 미래의 약물과 방법(2014

---

63) 이문성(2015). 도핑의 진화: 스포츠윤리학적 접근. 움직임의
    철학. 23(2), 61-77.

년-그 이후)에 대해 살펴보고, 그 원인을 찾아 대안을 제시하는데 그 목적이 있다. 대안으로는 첫째, 도핑법을 현재보다 강화시킨다. 둘째, 스포츠윤리교육을 국가 차원에서 확대시켜 실시한다. 셋째, 운동선수들에게 의학을 필수교과목로 지정한다. 넷째, 선수에게 생체여권(ABP)을 의무화한다.

❏ 스포츠스타 이미지가 자선재단 및 스폰서기업 이미지에 미치는 영향: 랜스 암스트롱의 도핑문제를 중심으로[64]

본 연구의 목적은 스포츠스타 이미지가 자선재단 및 스폰서기업 이미지에 미치는 영향을 규명하는데 있다. 이를 위해 목적적 표집에 의한 514명의 유효 표본을 사용하였고, PASW 21.0과 AMOS 21.0을 통해 빈도분석, 요인분석, 신뢰도분석, 상관관계분석, 회귀분석 등을 실시하였다. 본 연구의 결과는 다음과 같다. 첫째, 긍정적인 언론보도일 경우 스포츠스타 이미지는 자선재단 이미지에 영향을 미치고, 전문성, 신뢰성, 매력성 순으로 영향을 미치는 것으

64) 문개성(2015). 스포츠스타 이미지가 자선재단 및 스폰서기업 이미지에 미치는 영향: 랜스 암스트롱의 도핑문제를 중심으로. 한국체육학회지. 54(3), 395-407.

로 나타났다. 둘째, 긍정적인 언론보도일 경우 스포츠타 이미지는 스폰서기업 이미지에 영향을 미치고, 전문성이 신뢰성보다 영향을 더 미치는 것으로 나타났다. 셋째, 부정적인 언론보도일 경우 스포츠스타 이미지는 자선재단 이미지에 영향을 미치고, 전문성, 신뢰성, 매력성 순으로 영향을 미치는 것으로 나타났다. 넷째, 부정적인 언론보도일 경우 스포츠스타 이미지는 스폰서기업 이미지에 영향을 미치고, 신뢰성이 전문성보다 영향을 더 미치는 것으로 나타났다.

□ 한국체육대학교 학생들의 도핑에 대한 지식, 믿음 및 성향65)

반도핑 전략에 있어서, 도핑에 대한 관대함이 금지약물을 사용하게 되는 것과 같이 도핑에 대한 사고방식과 믿음이 도핑을 행하는 행동의 지표로 간주된다. 본 연구의 목적은 체육대학교의 입시 준비를 한 학생들을 대상으로 도핑에 대한 지식과 믿음, 성향을 정량적으로 측정하고 그 특성을 분석하여, 효율적인 반도핑 프로그램에 유용한 자료로 제공하고

---

65) 김은국, 최호경(2015). 한국체육대학교 학생들의 도핑에 대한 지식, 믿음 및 성향. 스포츠사이언스. 32(2), 43-50.

자 하는 것이다. 한국체육대학교에 재학 중인 일반 학과(비체육학과) 학생들 중 190명 대학생들의 도핑에 대한 사고방식 및 성향을 정량적으로 측정하기 위해 수행강화태도 척도(PEAS)을 한국어로 번역한 설문지를 사용하였다. 그 결과, 연구대상자의 PEAS 점수는 41.11±13.82로 선행연구의 엘리트 운동선수들의 PEAS 점수(39.87±13.41)보다 약간 높게 나타났으나, 성별 간에는 유의한 차이가 나타나지 않았으며, 87% 정도가 금지약물에 대해 알지 못했다. 몇몇의 남학생은 고의 또는 부주의로 과거에 약물은 복용한 적이 있었고, 5명의 학생은 금지약물을 복용한 적이 있거나 현재 복용하고 있는 학생 또는 선수를 알고 있다고 하였으며, 이들의 PEAS 점수가 평균점수보다 높게 나타났다. 대부분의 학생들은 17개의 설문지 문항 중 14개의 문항에 있어서 부정적으로 응답하였다. 본 연구의 결과는 체육대학교에 재학 중인 학생들에게 효율적인 반도핑 프로그램에 유용한 자료로 제공될 것이다.

❑ 2016년 연구동향

○ 학위논문

❑ 태권도 경기에서의 도핑에 대한 윤리적 제문제[66]

이 연구는 태권도 경기에서의 일어날 수 있는 잠재적인 도핑에 대한 윤리적 제 문제들을 알아보고 해결방안을 제시하였다. 즉 도핑 청정종목으로 평가되는 태권도 경기의 구성원이자 도핑과 직접적인 관련을 맺는 선수, 지도자, 학부모, 도핑검사관, 의사의 도핑에 대한 인식을 알아보고, 도핑 청정종목인 태권도의 위상을 지키기 위해 어떠한 도핑방지 방안이 제시되어야 하는지를 탐구하는데 그 목적이 있다. 그에 따른 결론은 다음과 같다. 첫째. 태권도 선수들은 대부분 운동보조제 등을 섭취하고 있다. 그 종류는 한약, 동물식품, 종합비타민제, 단백질 파우더 등이며 선수들은 각자의 기호에 맞는 건강보조제를 선택하고 있었다. 그 경로는 학무모를 통해서가 가장 많았으며, 학부모는 보통 몸에 좋다는 것들을

---

66) 채봉균(2016). 태권도 경기에서의 도핑에 대한 윤리적 제문제. 미간행 석사학위논문. 한국체육대학교 사회체육대학원.

주변에서 추천 받아 선수에게 공급하고 있음을 알 수 있었다. 둘째. 태권도 선수들은 건강보조제나 약물을 한번쯤은 권유 받은 적이 있으며 실제로 사용한 경험이 있다. 이는 여러 경로를 통해서 선수들이 약품이나 건강보조제에 쉽게 접근할 수 있음을 나타낸다. 도핑은 선수 혼자의 책임이 아니라 지도자와 부모의 역할도 매우 크며 그 책임 역시 함께해야 할 것이다. 도핑청정 종목인 태권도의 위상을 이어가기 위해서는 관련단체, 선수, 지도자, 학부모가 선수들의 도핑방지를 위해 노력하여야 한다. 셋째. 선수들은 경기력 향상을 위해 운동보조제를 선호하고 있으며, 이는 도핑과는 무관하기 때문에 합법적이라고 생각하고 있다. 도핑에 걸리는 제재는 불법이며, 그 밖에 제재는 합법이라는 인식이 과연 옳을까? 물론 현재로선 옳다고 볼 수 있을 것이다. 하지만 이 같은 이분법직 사고는 인간의 신체에 인위적인 어떠한 행위를 해도 도핑에 걸리지만 않는다면 용인되며, 비도덕적이 아니라고 생각하는 발상에서 출발한다. 현재는 아니지만 미래에는 도핑으로 간주될 수 있는 것들이 우리 주위에는 엄청나게 산재해 있음을 명심해야 한다. 넷째, 반도핑 윤리의식의 제고가 시급하다. 광의의 개념으로 스포츠 윤리적인 측면에서, 혹은 스포츠맨십에 의한 공정성의 정의와 더불어 KADA에서의 도핑에 정의는 "운동경기에서 성적을 향상시킬 목적"의 훈련이나 자연적인 방법이 아닌 인위적인 방법은 모두 도핑으로 간주되어야 한다. 현재 금지약물이나 방법에 포함되지 않았다고 해서 도핑이 아니라는 것은 잘못된 생각일 것이다. 이는 세계반도핑기구(WADA)가 신물질이나 현재의 검사 방법으로 검출할 수 없는 성분에 대한 제재방법으로 대상자의 혈액을 장기적으로 보관하고 있는데서 찾을 수 있을 것이다. 따라서 현재의 태권도에서의 도핑 안전성은 완전하다고 할 수 없으며, 그 유혹은 항상 존재한다는 것을 명심해야 한다. 다섯째. 도핑은 범죄이며, 자신의 생명에 위협을 가할 수 있음을 각인시킨다. 선수들은 보통 약물이나 보조제를 사용하는 것만이 도핑에 해당한다고 인식하고 있다. 하지만 도핑은 금지약물과 금지행위 뿐만 아니라, 도핑테스트를 방해하거나 위협, 회피하는 것 역시 도핑위반이라는 것을 모르고 있다. 이 역시 올바른 도핑교육이 이루어지지 않은데서 비롯된 결과라 사료된다. 여섯째, 도핑에 의한 승리는 정당하지 않으며, 도핑 적발 시 선수자격을 영구적으로 잃을 수 있고 가장 큰 피해자는 선수자신이며, 인생에 있어 큰 오점을 남김을 명심해야한다.

○ **연구논문**

❏ 주체지향 도핑 방지 노력의 한계[67]

20세기가 시작되면서 성과스포츠는 스포츠맨십, 공정한 경기, 건강 같은 긍정적 가치들을 표방하면서 사회의 주요 영역이 되었지만 20세기 후반이후 승부조작, 도핑 같은 일탈행위와 결부되면서 비리와 부정의 온상으로 지목받고 있다. 특히 도핑은 공정하고 건강한 스포츠의 이미지를 무너뜨림으로써 스포츠에 대한 대중의 관심과 호의를 크게 약화시켰다. 위기의식을 느낀 IOC는 도핑과의 전쟁을 선포하고, 미심쩍은 주체 또는 개인을 물리쳐야할 적으로 확정하였으며, 이들에 대한 통제와 계몽을 강화했다. 그러나 도핑 경향은 통제의 강화를 통해서도, 계몽의 확대를 통해서도 약화되지 않고 있다. 이러한 상황에서 기존 대책을 더욱 강력하게 시행해야만 한다는 주장이 나오지만 이것은 설득력이 약하다. 오히려 필요한 것은 기존의 주체지향 도핑 방지 노력을 비판적으로 검토하는 일이다. 이 논문에서는 기존

67) 송형석(2016). 주체지향 도핑 방지 노력의 한계. 움직임의 철학. 24(1), 141-159.

도핑 방지 노력의 한계를 통제 강화와 계몽 확대 두 차원으로 나누어 분석하였다. 분석 결과 감시와 처벌을 통한 통제 강화는 병참적, 재정적, 법적, 윤리적 한계를 노출시키고 있었으며, 교육과 홍보를 통한 계몽의 확대는 도핑 문제에 대한 편협한 이해에 근거함으로써 실효를 거두지 못하는 것으로 나타났다.

□ 니클라스 루만의 체계이론적 관점에서 본 반도 핑 커뮤니케이션의 한계와 과제[68]

루만의 체계이론에 입각해서 기존의 반-도핑 커뮤니케이션을 분석한 결과 다음과 같은 결론에 도달하였다. 기존의 반-도핑 커뮤니케이션은 도핑의 원인과 책임을 개인에게 귀속시키는 개인화 전략을 구사하고 있다. 따라서 문제 해결 방법도 적발, 처벌, 교육을 통한 계몽 같이 철저하게 선수나 지도자 같은 개인에게 초점을 맞추고 있다. 이와 같은 전략은 스포츠체계와 그 주변 체계들의 이해관계가 거미줄처럼 복잡하게 얽혀져 생겨나는 도핑현상을 개인의

---

68) 송형석(2016). 니클라스 루만(Niklas Luhmann)의 체계 이론적 관점에서 본반-도핑 커뮤니케이션의 한계와 과제. 한국체육학회지. 55(2), 11-22.

자유의지에 따른 결정의 결과로 단순화시킬 뿐만 아니라, 스포츠 및 주변체계들의 성찰 기회를 차단함으로써 체계 내부의 구조적 문제를 은폐시키는데 기여하고, 선수나 트레이너 같은 개별 행위자에게 받아들여지기 어려운 무리한 요구를 부과함으로서 도핑방지노력이 실효를 거둘 수 없게 만든다. 도핑 퇴치 노력이 효력을 발휘하기 위해서는 주체 중심 차원을 넘어서 스포츠조직과 사회적 기능체계들의 차원에서 전략을 구상하고 실행해야 한다.

❐ 프로스포츠에서 반도핑(도핑방지)의 적용과 해석[69]

이 연구는 프로스포츠에서 도핑방지 규정이 어떠한 의미와 내용, 그리고 가치가 있는지에 대하여 탐구하고 프로스포츠와 반도핑의 관계를 모색하고 정립하고자 문헌고찰 방법을 통하여 고찰하였다. 우리나라 프로스포츠에서 도핑의 제재는 강화되었으며, 각 단체의 현실에 맞는 규정이 마련되면서 제재에 대한 논란의 여지는 어느 정도 해결되기도 하고 남

69) 김진훈, 채승일, 이호근(2016). 프로스포츠에서 반도핑(도핑방지)의 적용과 해석. 한국체육학회지. 55(4), 399-407.

겨놓기도 하였다. 또한 종목과 과실 여부와 상관없이 3차 적발 시 영구제명 되는 것은 프로스포츠에서 도핑에 대한 경각심과 반도핑에 대한 의미를 상기시켰다고 할 수 있다. 즉, 도핑에 대한 강제성 부과의 기준이 마련됨과 동시에 다양한 논의와 해석이 필요하게 되었다. 또한 프로스포츠 도핑방지규정이 보편적이고 일반적으로 조화를 이루고 나아가 도핑방지 활동과 노력들이 활성, 촉진되어야 하는 과제도 있다. 프로스포츠 도핑방지규정의 제정에 있어 충분한 논의와 합의의 과정보다는 시행에 따른 제정과 승인이 시급하게 진행되면서 규정의 개정과 해석이 지속적으로 발생하게 되어 있어 이에 대한 후속 연구들이 다양하게 존재해야 한다.

□ 스포츠철학적 관점에서 본 스포츠 도핑행위[70]

이 연구는 오늘날 이슈가 되고 있는 스포츠 선수의 도핑행위 논쟁에 대해 고대 철학 사상과 스포츠철학적 관점에서 분석하는 것을 목적으로 한다. 스포츠 선수의 도핑은 선수 개인의 건강뿐만 아니라 사회적으로 많은 문제점을 야기하고 있다. 이러한

---

[70] 김항인, 이승범(2016). 스포츠철학적 관점에서 본 스포츠 도핑행위. 홀리스틱교육연구. 20(2), 15-28.

선수에 대해 법적 제재를 가하는 것에 대해 인터넷 상에서 찬반 논쟁이 활발하다. 이러한 논쟁에는 다양한 주장의 근거들이 제시되는데 이러한 주장에 대해 도덕 철학적 입장과 스포츠 철학입장에서 타당한 판단을 내리는 것이 이 연구의 역할이다. 개인의 이익과는 상관없이 보편적이고 공정한 판단을 내리는 것이 도덕적 원칙을 구현하는 일이며, 고대 철학자인 Socrates, Plato, Aristotle의 철학사상과 일맥상통하는 것이다. 향후 전개될 다양한 스포츠 윤리 논쟁에서 이러한 판단의 연습은 도덕적인 사고를 이끌어 내는 데 매우 유용할 것이다.

□ 라켓종목 선수들의 도핑에 대한 사고방식과 스포츠 성취동기 성향과의 관계71)

본 연구는 라켓종목의 엘리트 선수들의 도핑에 대한 사고방식을 정량적으로 측정하여 스포츠 성취동기 성향과의 관계를 확인하는 것이다. 따라서 궁극적인 목적은 도핑에 대해 더 취약한 엘리트 운동선수들에게 반도핑 교육 프로그램을 제공하기 위한 것

이다. 한국체육대학교에 재학 중인 라켓종목의 엘리트 선수들 중 본 연구의 참여에 자발적으로 동의 한 33명의 선수들을 대상으로, 수행강화척도(PEAS)을 사용하여 도핑에 대한 사고방식을 정량적으로 측정하였고, 스포츠지향 검사지 (SOQ)와 스포츠 질문지에서 과제와 자아 지향(TEOSQ)을 사용하여 일대일 면담을 통해 스포츠 성취동기 성향을 측정하였다. 각 변인들 간의 관계를 확인하기 위해 피어슨 상관관계와 다중회귀분석을 실시하였다. 그 결과, 자발적 혹은 부주의로 도핑을 경험한 선수들은 없었으나, 3명의 선수가 주변의 다른 선수가 금지약물을 복용하는 것을 알고 있다고 응답하였다. PEAS의 평균점수는 39.27±13.41이었고, PEAS 점수는 SOQ와 TEOSQ는 통계적으로 유의한 연관성을 보이지 않았다. 추후 연구에서도 도핑에 대한 사고방식 및 성향과 선수 개개인의 스포츠에서의 성취동기에 따른 성향과의 상관관계를 확인한다면, 선수의 개인적인 요소에 맞는 가장 효과적인 반도핑 프로그램을 제공할 수 있는 근거 자료로써 활용될 수 있을 것이다.

☐ 도핑의 증거 확보와 법적 책임에 관한 연구[72]
도핑은 스포츠 역사와 함께 시작되었다고 해도 과

언이 아니다. 과거에는 약물 등을 사용하는 것은 개인이 선택할 수 있는 자유 문제 정도로 생각돼 왔지만, 스포츠의 페어플레이 정신을 해할 뿐더러 선수 개인의 건강을 해친 다는 점에서도 이제 도핑은 받아들여지기 어려운 것으로 돼 있다. 이에 따라 도핑 징계에 대해서는 시시때때로 테스트를 진행하고 응하지 않는 경우에도 엄벌에 처하는 등 제도가 날로 강화되고 있다. 하지만 이런 제도 강화는 반도핑 필요성에 의해 체계적 논의가 없이 광범 위한 규제를 택한 결과물에 불과하다는 지적도 가능하다. 더욱이 그런 절차 진행에 사실상 선수의 동의가 있지 않았기 때문에 논의의 정교화가 지금보다 강화되는 게 당연하다는 요청도 나온다. 우리는 문명국 형사절차와 민사절차에서 책임의 입증이 일반적으로 동의와 책임을 묻는 쪽에 있다는 것을 알고 있다. 하지만 경우에 따라서는 사물 그 자체가 증명한다(The thing speaks itself)는 논의에 따르거나 엄격책임론에 따른 뒤바뀐 입증 의무를 지는 경우가 있다. 형사상 증거 제출의 강제 역시 긴급한 증거의 확보가 필요한 경우로, 이런 유사한 상황에서는 증거의 급

---

72) 임혜연(2016). 도핑의 증거 확보와 법적 책임에 관한 연구. 비교법연구. 16(2), 127-157.

박한 확보를 용인해야 하는지에 대해 검토할 필요가 있다고 본다면 현재의 제도를 정당화할 수 있는 근거 도출이 가능할 것으로 보인다.

❑ 선수들이 체감하는 도핑검사 방법의 실태와 과제: 여자 엘리트 수영선수를 중심으로[73]

이 연구는 국내 여자 엘리트 수영선수들이 체감하는 도핑검사에 대해 심층적으로 접근하기 위해 진행되었다. 그 중에서도 선수들이 도핑검사를 거치면서 경험하고 느꼈던 것들을 심도 있게 분석하는 것에 목적을 두고 있다. 이를 위해 A지역에 소재지로 한 선수들을 대상으로 유목적 표집을 활용하여, 최종 10명의 연구대상자를 선정하였다. 그러한 결과 첫째, 도핑검사 과정에서 선수들이 성적 수치심을 느끼는 경우가 많았다. 둘째, 국내대회에서는 도핑검사에 적합한 시설이 갖추어져 있지 않아서 많은 불편을 느끼고 있었다. 셋째, 대부분의 샤프롱들이 자원봉사자이기 때문에 전문성이 떨어져서 오히려 더 불편했다는 것이다. 이 연구에서는 이러한 요소들을

---

73) 이승훈, 주동진(2016). 선수들이 체감하는 도핑검사 방법의 실태와 과제: 여자 엘리트 수영선수를 중심으로. 한국스포츠학회지. 14(4), 731-740.

통해 향후 도핑검사 방법이 발전해야 하는 방향에 대해 최종적으로 제시하였다. 나아가서 이 연구는 전형적인 사회과학의 조사방법 중 하나인 질적 연구의 형태이지만, 철학적 논의과정을 거친 인문학 연구이기도 하다. 결국 학제간 소통을 통한 통합연구라 할 수 있는데, 사회과학과 인문학이 상호 보완하여 이루어진 연구인 것이다. 따라서 철학적인 방향을 제시하기 위해 사회과학의 연구방법을 동원하여 보다 심도 있고, 논리적인 결론으로 귀결시킬 수 있도록 하였다.

❑ 도핑선수에 대한 스포츠단체의 제재와 민사법적 책임[74]

스포츠는 기회균등과 공정한 경쟁에서 출발한다. 그러나 도핑은 이러한 스포츠 정신에 위배되는 행위이기 때문에 스포츠단체는 도핑선수에 대해 엄격한 제재를 가하고 있다. 선수의 체내에서 금지약물이 발견되는 것만으로 도핑은 추정되고 그 유입과정의 과실유무는 단지 제재의 정도를 고려하는 요소로만 참작될 뿐이다. 그러나 도핑선수에 대한 제재는 때

---

74) 최신섭(2016). 도핑선수에 대한 스포츠단체의 제재와 민사법적 책임. 비교사법. 23(2), 619-650.

로는 지나치게 가혹하거나 위법할 수 있어서 이에 대한 선수의 구제가 필요한 경우도 있다. 부당한 제재를 받은 선수는 국가법원 또는 스포츠중재법원에 이의를 제기하여 구제를 신청할 수 있다. 그러나 스포츠에서의 사적 자치는 존중되어야 하며 스포츠단체가 자율적으로 그 기능을 수행할 수 있는 한도 내에서 사법적 구제의 수단은 제한적이어야 한다.

도핑선수에 대한 제재는 한편으로는 선수 개인의 활동을 제한하는 스포츠의 측면에서 고찰되어야 하지만 다른 한편으로는 고용계약, 스폰서계약 그리고 불법행위의 등의 법률적 측면에서도 고찰되어야 한다. 선수가 구단, 스폰서, 상대선수 및 관중 사이에 이해관계가 충돌할 때 도핑선수에 대한 법적 제재는 선수개인의 귀책사유뿐만 아니라 선수보호의 의무가 충분이 이행되었는지 여부도 함께 고려되어야 할 것이다.

도핑의 문제는 의사가 환자를 치료하는 과정에서도 발생한다. 여기서 의사가 부담할 설명의무의 한계가 어디까지인지 그리고 선수로서 환자의 고지의무가 문제된다. 이 경우 의사와 선수가 각자 신의칙에 따라 자신의 의무를 얼마나 충실히 이행했는지 여부가 그 책임의 정도를 결정한다고 할 것이다.

□ 엘리트 골프선수들의 도핑에 대한 사고방식 및
성향에 미치는 요인[75]

스포츠는 기회균등과 공정한 경쟁에서 출발한다.
그러나 도핑은 이러한 스포츠 정신에 위배되는 행위
이기 때문에 스포츠단체는 도핑선수에 대해 엄격한
제재를 가하고 있다. 선수의 체내에서 금지약물이
발견되는 것만으로 도핑은 추정되고 그 유입과정의
과실유무는 단지 제재의 정도를 고려하는 요소로만
참작될 뿐이다. 그러나 도핑선수에 대한 제재는 때
로는 지나치게 가혹하거나 위법할 수 있어서 이에
대한 선수의 구제가 필요한 경우도 있다. 부당한 제
재를 받은 선수는 국가법원 또는 스포츠중재법원에
이의를 제기하여 구재를 신청할 수 있다. 그러나 스
포츠에서의 사적 자치는 존중되어야 하며 스포츠단
체가 자율적으로 그 기능을 수행할 수 있는 한도 내
에서 사법적 구제의 수단은 제한적이어야 한다.

도핑선수에 대한 제재는 한편으로는 선수 개인의
활동을 제한하는 스포츠의 측면에서 고찰되어야 하
지만 다른 한편으로는 고용계약, 스폰서계약 그리고

75) 김태규, 차정훈, 차광석, 김기헌(2016). 엘리트 골프선수들
   의 도핑에 대한 사고방식 및 성향에 미치는 요인. 디지털융
   복합연구. 14(8), 527-536.

불법행위의 등의 법률적 측면에서도 고찰되어야 한다. 선수가 구단, 스폰서, 상대선수 및 관중 사이에 이해관계가 충돌할 때 도핑선수에 대한 법적 제재는 선수개인의 귀책사유뿐만 아니라 선수보호의 의무가 충분이 이행되었는지 여부도 함께 고려되어야 할 것이다.

도핑의 문제는 의사가 환자를 치료하는 과정에서도 발생한다. 여기서 의사가 부담할 설명의무의 한계가 어디까지인지 그리고 선수로서 환자의 고지의무가 문제된다. 이 경우 의사와 선수가 각자 신의칙에 따라 자신의 의무를 얼마나 충실히 이행했는지 여부가 그 책임의 정도를 결정한다고 할 것이다.

□ 국제스포츠중재재판소(CAS)를 통한 분쟁해결과 불복절차: 독일 빙상선수 Claudia Pechstein의 도핑사례 분석을 겸하여[76]

스포츠는 국가를 초월하여 세계인의 관심과 주목을 받는 국제적인 활동으로 자리매김하고 있다. 이러한 스포츠의 국제화 내지 세계화는 다양한 국가법

---

76) 김용섭(2016). 국제스포츠중재재판소(CAS)를 통한 분쟁해결과 불복절차: 독일 빙상선수 Claudia Pechstein의 도핑사례 분석을 겸하여. 스포츠와 법. 19(4), 91-116.

질서가 적용될 수 있는 사회현상과는 달리 개별 국가의 법적인 개입이 기본적으로 제한된다. 오늘날 스포츠의 국제화와 더불어 스포츠의 상업주의가 강조되면서 통일된 국제스포츠법의 필요성이 강조되고 있다. 또한 도핑과 관련된 분쟁사례가 적지 않고, 스포츠 분쟁을 국제스포츠중재재판소인 CAS를 통하여 해결되는 사례가 늘고 있다. 따라서 본고에서는 CAS의 분쟁해결과 불복절차에 관하여 체계적으로 고찰하였다. 2018년 평창동계올림픽의 개최를 앞두고 있는 상황에서 CAS의 법적지위와 도핑제재결정에 대한 권리구제 특히, 2016년부터 IOC 상벌위원회에서 CAS로 이관된 반도핑 특별부(AD hoc Division)의 기능과 역할에 대한 관심이 증대되고 있어 살펴보았다. 아울러 본고에서 고찰한 독일 빙상선수 Claudia Pechstein의 도핑사례와 독일 연방대법원(BGH)의 판결은 CAS를 통한 분쟁해결과 불복절차를 이해하고 법정책적 시사점을 도출하는데 의미가 크다. 국제스포츠법의 분야인 CAS를 통한 분쟁해결과 불복절차에 대한 체계적인 분석과 검토를 통해, 2018년의 평창 동계올림픽의 개최에 법적으로 대비하고, 그동안 대한체육회가 보여준 박태환 선수의 올림픽 출전을 둘러싼 혼선과 시행착오를 극복함과 아울러 종목별 국가대표선발규정을 비롯한 미비된 국내스포츠법제의 정비에 적극 나설 필요가 있다.

□ 도핑의 재해석: 울리히 백의 성찰적 근대성을 중심으로77)

울리히 벡의 '성찰적 근대성'에 대한 개념을 바탕으로 본 연구는 스포츠도핑의 다른 해석으로 기존의 한계를 지적한 후 도핑 문제에 관한 윤리적 담론을 알아보았다. 이 논문은 지금까지 도핑에 대한 지배적인 담론은 다음과 같이 전개되었다. 공정성, 운동선수의 건강, 강제력 및 사회적 파급 효과 등이다. 그러나 '성찰적 근대성'의 관점에서 볼 때, 도핑은 비윤리적 의도와 관련이 없다. 오히려 도핑 개시는 주로 과학적, 합리적인 의사 결정을 할 수는 없지만 부작용은 인지하지 못한다. 이것은 오늘날 도핑의 불법성이 어디에서 발생했는지를 금지 목록에서 확인할 수 있다. 따라서 이 연구는 우리가 과학의 예기치 않은 결과에 관한 도핑의 위험성 문제를 이해해야 한다고 주장한다.

---

77) 박보현, 김낭규(2016). 도핑의 재해석: 울리히 백의 성찰적 근대성을 중심으로. 한국시큐리티융합경영학회지. **5(3), 22-34.**

❑ 2017년 연구동향

○ 연구논문

❑ 한국 선수들의 도핑에 대한 지식, 관행, 태도 : 횡단면 조사[78]

세계 반 도핑기구와 국제 반 도핑기구의 노력에도 불구하고 여전히 상대적으로 낮고 안정적인 양성 도핑 검사의 비율이 전 세계에 걸쳐 계속되고 있다. 도핑 물질을 사용하는 청소년에 대한 증거가 존재하며, 도핑 관행에 종사하는 청소년의 비율은 작지만 중요하다. 반 도핑에 대한 국제 연구 동향과 관련하여 본 연구는 성인 및 청소년 엘리트 선수들의 도핑 지식, 관행 및 태도를 평가하여 반 도핑 정책 및 교육 프로그램에 대한 효과적인 정보를 제공하는 것을 목표로 한다. 본 연구는 한국 엘리트 선수 454명(239명의 성인 249명, 22명의 205명의 청소년)의 횡단면 조사였다. 데이터는 도핑 관행 및 지식, 성과 향상 물질 / 방법 및 레크리에이션 물질에 대한 간

---

78) Kim, Taegyu, Kim, Young Hoon(2017). Korean national athletes' knowledge, practices, and attitudes of doping: a cross-sectional study. Substance Abuse Treatment, Prevention & Policy. 2/14/2017, Vol. 12, p1-8.

략한 정의, PEAS(수행강화 태도척도)에 관한 항목을 담은 조사관이 실시한 설문지에 수집되었다. 청소년 (47.3%), 성인 (57.0%) 선수는 한국 반 도핑기구로부터 각 스포츠 금지 물질에 대한 정보를 받았고, 청소년 및 성인의 경우 각각 39.0 %, 53.4 %가 금지 물질에 대해 알고 있었으며 허용 태도는 도핑은 모르는 사람들에 비해 사춘기 및 성인 운동선수는 부적절하게 (각각 1.5 및 3.6 %) 또는 고의적으로 (각각 1.0 및 2.8 %) 금지 된 성능 향상 물질을 섭취했으며, 2.4 및 3.2 %는 금지 물질을 복용한 사람을 알고 있었다. 그리고 운동 능력 범주(PEAS : 40.24 ± 10.91)의 청소년 운동선수는 팀 범주 (PEAS : 35.08 ± 10.21)보다 도핑에 더 관대했습니다. 심도 있는 반 도핑교육이 한국 선수에게는 보다 폭넓게 시행되어야하며 효과적인 반 도핑정책은 운동선수의 인구 통계 특성, 성격 및 가치를 충족시켜야한다.

◻ 프랑스 도핑방지 법제의 내용과 시사점[79)]
1980년대 뚜르 드 프랑스(Tour de France) 도핑

---

79) 전훈(2017). 프랑스 도핑방비 법제의 내용과 시사점. 경희법학. 52(2), 169-192.

파문 이전부터 프랑스에서 스포츠 분야의 도핑 문제는 스포츠 윤리뿐만 아니라 민·형사상 법적 책임을 가져오는 사회적 이슈가 되어왔다. 오랜 역사를 가진 도핑에 대한 논란과 규제의 문제는 스포츠 종사자 개인뿐만 아니라 일부 국가의 경우 정치적으로 이를 용인하고 있는 점에서 복잡한 양상을 나타내고 있다.

　도핑문제는 이를 피하려는 쪽과 또 이를 과학적으로 찾아내고 규제하려는 쪽 모두다 의약기술의 발전과 과학적 도구의 도움이 있어야 한다는 점에서 약물복용 금지와 예방에 관한 규범적 대응의 시차가 더 벌어지고 있다. 프랑스의 도핑에 관련된 입법적 노력은 1965년의 `헤르조그(Herzog)법`, 1989년 6월 28일 법률, 1999년의 뷔페(Buffet)법과 2006년의 법률(약물보호와 선수건강법)의 제정을 통해 체계적이고 조직적으로 정비되었고, 현재는 스포츠법전(Code du sport)에서 규정하고 있다. 스포츠법전에 규정된 프랑스 도핑방지위원회(AFLD)는 도핑의 예방과 방지 그리고 규제권 행사에 있어 중요한 지위를 차지하고 있다. 프랑스최고행정법원인 꽁세이데타는 위 기관의 공권력 행사자로서의 지위를 인정한 바 있다. 프랑스에서 도핑방자를 위한 정부차원의 노력은 2015-2017년 기간 동안의 금지약물 사용과 복용예방을 위한 국가계획을 통해 알 수 있다. 6대 목표의 14개의 실천 프로그램을 담은 동계획은 차별화된 대상 설정과 선별적인 정책을 추진을 목표로 하고 있는 점에서 우리에게 시사하는 바가 크다고 본다. 도핑 현상과 이에 대한 방지와 제재절차나 구제방법은 프랑스도 우리와 마찬가지로 이른바 WADA CODE로 불리는 국제반 도핑기구 규정이 정한 프로세스에 따라 진행되고 있다. 따라서 도핑과 관련해서는 국내 실정법규범과 국제규범간의 갈등이나 조화에 관한 접근 보다는 각 국가별로 도핑에 대한 정의와 제도적 기반구축에 대한 입법정비의 문제가 중요함을 알 수 있다. 비교법적 관점에서 프랑스 스포츠법의 변화와 현행 규정의 내용을 검토해 보면, 적어도 도핑 분야는 양자의 수렴도가 상당히 높다고 평가되며, 국내에서의 규제상황과 유사한 측면이 있다. 그러나 도핑에 관한 법제정비가 빈약한 우리의 현실에 비추어 볼 때, 프랑스 도핑관련 법제에 대한 비교와 검토는 단순한 법조항의 단순비교에 그칠 것이 아니라 좀 더 전반적인 프랑스 스포츠법제에 대한 연구와 병행하여 이루어져야 할 것이다.

❑ 2016리오올림픽 국제스포츠중재재판소 반도핑 중재부의 규정과 활동80)

스포츠중재재판소 (The Court of Arbitration for Sport in Lausanne, Switzerland: CAS)는 1984년 설립된 후에 1996년부터 특별중재부(Ad Hoc Division)를 설치하여 올림픽게임 (OG) 행사에서 발생하는 다양한 분쟁에 대해 중재결정을 내렸다. 수년 동안 선수자격 문제, 도핑 및 다른 징계 문제 등에 관하여 최후의 관할 역할을 수행하여 왔다. CAS 특별중재부의 가장 큰 특징은 운동선수와 연맹이 매우 짧은 마감시간 내에 무료로 분쟁해결의 기회를 제공한다는 것이다. 2016년 리오올림픽 게임에서는 CAS Anti-Doping Division (ADD)을 설치하여 올 IOC 반 도핑 규칙에 따라 해당 도핑 사건을 처리했다. 일반적으로 CAS ADD 절차의 당사자는 운동선수, IF, IOC, NOC 및 WADA일 수 있다. 반도핑중재부 설치 이전에 제기된 전형적인 분쟁은 반도핑 규정위반을 주장하자마자 IOC가 신청서를 제출한다. 반도핑중재부에 의해 결정되는 제재는 올림픽경기 (즉, 스포츠 경기 결격, 메달 철회 등)로 제한되며 모든 추가 제재는 관련 국제경기연맹에 의해 결정된다. 반도핑중재규칙은 올림픽경기에 따라 발생하는 세계반도핑규약 (WADC)을 위반 한 경우에 적용된다. 반도핑중재규칙의 범위가 특별중재규칙보다 더 넓은 범위에 된다. 국제스포츠중재재판소는 2016 리우올림픽 관련 8건의 중재신청에 대하여 판정을 내렸다. 위 8건은 "국제스포츠중재재판소 도핑방지 중재부(CAS ADD)"에 신청된 건이었다. 즉, 중국 수영 선수의 도핑사건, 브라질 싸이클 선수의 도핑 사건(동일 선수에 대하여 2건), 키르키즈스탄 역도 선수의 도핑사건, 몽골 역도 선수의 도핑사건의 중재신청사건에 대한 결정을 내렸다. 중재판정부는 국제올림픽위원회가 금지약물의 존재를 밝혔다는 것을 인정하였다. 따라서 국제올림픽위원회는 더 이상 선수 자격이 없다고 선언 했으며, 임시자격정지를 인정하고, 선수들이 얻은 결과를 박탈하였다. 그리고 중재판정부는 해당 사건을 해당 종목의 국제스포츠연맹에 회부하여 리우올림픽 이외의 결정을 내리도록 하였다. 본건 판정은 선수들은 해당 경기와 직간접적으로 관련된 규정들을 숙지하고, 이를 준수해야 한다는 것을 시사하고 있다. 도핑 사건에 대한 분쟁은 특히 관련 규칙과 판단에 대한 깊은 이해가 필수적으로 요구된다.

☐ 엘리트 운동선수의 한양 복용과 도핑에 대한 체육지도자와 한의사의 인식 조사[81]

본 연구의 목적은 엘리트 운동선수의 한약 복용과 도핑에 대한 체육지도자와 한의사의 인식을 조사하는 것이었다. 30명의 체육지도자와 43명의 한의사를 대상으로 설문조사를 실시한 다음 빈도분석을 실시하여 얻은 주요 결과는 다음과 같다. 1) 체육지도자는 운동선수가 한약을 복용할 필요가 있다고 인식하고 있으나(60%), 도핑과 부작용이 우려되어 대부분 권유하지 않는 것으로 나타났다. 또한 한약 복용이 도핑으로부터 안전하지 못하고, 한약에 도핑 위험물질이 포함되어 있다고 인식하고 있지만, 도핑성분에 대한 이해도는 낮은 것으로 나타났다. 2) 한의사는 운동선수에게 통증 개선, 경기력 향상, 그리고 피로 회복을 위하여 한약을 처방했으며, 처방한 한약의 효과에 대하여 높은 만족도를 보였다. 또한 한약 복용과 도핑의 상호 관련성에 대한 인식 수준

---

81) 이태희, 강창균, 정원상, 이만균(2017). 엘리트 운동선수의 한양 복용과 도핑에 대한 체육지도자와 한의사의 인식 조사. 한국체육학회지. 56(2), 565-575.

은 높았으나, 한약의 도핑 안전성에 대한 인식 수준
은 상대적으로 낮게 나타났다. 결론적으로, 한약의
효과에 대하여 긍정적으로 인식하고 있는 체육지도
자를 대상으로 한약 복용의 효과와 도핑 안전성에
대한 보다 정확하고 체계적인 교육이 필요하며, 한
의사를 대상으로 한약 내 도핑 위험물질에 대한 보
다 전문적인 교육이 요구된다. 한약이 운동 보조제
로서 널리 활용되기 위해서는 그 효과와 도핑 안전
성에 대한 체육지도자와 한의사의 인식 개선과 전문
성 강화가 절실하다.

□ 스포츠 integrity보호를 위한 제도개선의 방향:
한국의 현실과 동아시아 협력의 관점에서82)

통상 경기결과의 불확정성을 위협하는 행위인 도
핑이나 승부조작에서 스포츠 integrity의 확보가 논
해 지지만, 이는 그 외에 스포츠관여자의 비행이나
부정부패를 포함하기도 한다. 호주 스포츠 위원회는
도핑, 승부조작 뿐만 아니라 왕따, 괴롭힘, 차별, 아
동학대 등 반사회적인 행동 모두를 스포츠의

---

82) 장재옥(2017). 스포츠 integrity보호를 위한 제도개선의 방향:
한국의 현실과 동아시아 협력의 관점에서. 스포츠와 법.
20(2), 3-20

integrity를 침해하는 것으로 폭넓게 보고 있다.

한국은 세계도핑방지규약을 수용한 한국도핑방지위원회를 설립하여 도핑에 대응하고 있다. 그리고 문화체육관광부에 스포츠공정위원회를 두어 공정성 관리 총괄 기관의 역할을 수행하도록 하다가 대한체육회로 이관하였다. 최근에는 한국도핑방지위원회를 스포츠공정위원회의 이름으로 확대 개편하여 도핑 뿐 아니라 승부조작·심판오심·(성)폭력 등 스포츠 현장에서 발생할 수 있는 반윤리적 행위에 관한 총괄 업무를 맡도록 하는 법률안이 국회에서 발의되어 논의되고 있다.

불법스포츠도박과 연계되어 있는 승부조작 사례가 세계 도처에서 발생하고 있다. 도박으로 인해 스포츠의 integrity가 흔들리고 있음에도 이 분야에는 세계반도핑기구와 같은 국제조직이 존재하지 않는다. 국제올림픽위원회(IOC)는 올림픽 아젠다 2020에서 IOC 궁극의 목표가 깨끗한 운동선수의 보호에 있음을 밝히고(Recommendation 15), 이를 위해 2000만 달러를 추가로 스포츠 integrity 분야에 투입할 것을 예정하고 있다(Recommendation 16). 도박에 따른 스포츠 integrity 훼손에 적극적으로 대처할 세계반도핑기구와 같은 커다란 국제연맹을 설립하는 것이 그 논리적 귀결일 것으로 보인다. 따라서 아시아에서 먼저 선도적으로 동아시아 불법도박방지기구를 설치하여 예방교육과 강력한 제재를 가해서 스포츠 인테그리티 확보에 주도적으로 나설 것을 제안한다.

그리고 요즘 스포츠에서 인종차별적 행위를 하는 제노포비아(xenophobia)도 문제된다. 헤이트스피치나 헤이트크라임도 이에 해당한다. 독일에서 시행하는 `스포츠를 통한 사회통합(Integration durch Sport)`에도 주목할 필요가 있다. 스포츠는 사회응집성을 높이며 서로 다른 문화를 가진 사람의 통합을 촉진하고 상호간의 이해를 증진시켜 주는 보편적인 역할을 수행한다는 점에서 효과적인 사회통합 수단이 될 수 있다. 나아가 `스포츠의 자율성` 확보도 스포츠의 신뢰성과 integrity를 유지하는 요소의 하나이다. 특히 정부간섭으로부터 벗어나 스포츠의 건전한 발전이 이루어지도록 재정적 독립을 가져오는 제도 개선이 이루어져야 한다.

스포츠 정신을 살리고 스포츠 integrity를 확보하기 위해서는 무엇보다도 유소년 시기부터 스포츠 윤리에 대한 체계적인 교육을 접할 수 있도록 하는 것도 필요하다.

　죄책감이 아닌 부끄럼 문화의 전통적 토양에 기반한 동아시아에서는 높은 윤리의식과 교육수준을 갖추고 있음에도 법의식은 상대적으로 부족하다. 스포츠에서의 integrity를 확보할 수 있도록 주도적으로 공통의 가이드라인을 만들고 교육에 앞장서서 앞으로의 메가 스포츠 이벤트를 깨끗한 스포츠로 마무리함으로써 세계스포츠에서의 동아시아 위상을 높이고 나아가 사회적 발전도 기할 수 있기를 희망해 본다.

3장. 도핑의 금지론

도핑을 금지해야 한다는 도핑금지 연구는 스포츠 철학분야에서 아주 활발하게 진행되었다. 이 연구가 선행연구들과의 차이점은 도핑금지에 대한 연구가 아니라 도핑허용을 정당화해서 도핑금지 이유를 더 강화하는 연구라는 점이다. 유사한 연구로 송형석(2006a)의 연구를 들 수 있다. 그는 "도핑이 왜 비도덕적인가?"에 대하여 의문을 제기하고 도핑금지담론들이 갖고 있는 논리의 한계에 대하여 비판하였다. 이 연구와의 차이점은 도핑허용론에 대한 구체적인 전제조건을 규명하고 도핑을 금지할 수밖에 없는 이유를 다른 관점에서 제시했다는 점에서 차이를 찾을 수 있다.

도핑이 왜 문제인가? 누가 선수들에게 도핑을 하도록 강권했는가? 도핑을 할 수 밖에 없는 구조적인 문제가 있을 수 있다. 신기록과 승리만을 강제하는 사회분위기에서 선수들은 강박관념에 사로 잡혀 힘들어 한다. 물론 선수 개인에게도 문제가 있음을 부인하지 못한다. 선수는 주위에서 도핑을 하도록 강요하면 회피할 수 있는 힘이 없다. 무엇이 도핑을 강요하는가? 그것은 승리지상주의와 결과주의, 그리고 물신주의가 지배하는 운동문화와 승자만 인정받고 1등만 하면 모든 과정이 정당화되는 분위기가 지배적이기 때문이다.

도핑을 할 수 밖에 없는 또 다른 이유는 인간 신체능력의 한계에 왔기 때문이다. 한 예로 1994년 미국프로야구를 들 수 있다. "도핑은 선수의 경기력을 향상 시키고 이에 따라 수입증가에 기여했다. 예컨대, 1994년 선수들의 파업 이후 미국 야구는 스펙터클한 타격으로 대중과 기업의 관심을 다시 얻어냈다. 이는 일부 우수선수들의 약물을 복용함으로써 가능한 것이었다(조성식, 2010: 153)." 근대올림픽 또한 예외가 아니다. 근대올림픽의 기록은 인간의 기록이기 보다는 과학기술의 발전에 따른 경기도구(용품)의 경쟁이라고 할 수 있다. 예를 들어 장대높이뛰기가 처음 시작할 때 3미터를 넘기에도 힘이 들었다. 지금은 여자 선수도 5미터를 넘고 있다. 그 이유를 과학기술의 발달에서 찾을 수 있다. 과거에는 대나무를 가지고 장대높이뛰기를 하였다. 이 때문에 나타나는 문제는 장대가 부러질 수 있다는 점과 착지의 위험성이다. 높이 올라가는 것은 문제가 되지 않았다. 문제는 착지하는 데 안정장치가 없어 모래사장에 떨어져야 했기 때문에 착지의 두려움으로 기록은 한계에 도달할 수밖에 없었다.

이것은 바로 훈련과 과학기술만을 통해서 기록을 향상시키는 것에 한계에 왔다는 것을 입증하는 것이다. 훈련만으로 더 이상의 기록 단축은 기대하기 어렵게 되었다. 믿을 수 있는 것은 근육을 강화시키는 약물을 복용해서 신체적 능력을 확대하는 것 밖에 없다. 도핑 없는 기록은 생각할 수 없게 되었다. 그동안 과학기술의 발달과 측정 장치의 개발 덕분에 기록을 지속적으로 단축시켜 왔다. 하지만 지금 기록은 더 이상 기대할 수 없게 되었다. 그렇다면 선수들에게 신체적 손상을 주지 않는 선상에서 도핑을 하도록 허용하거나 아니면 기록측정 자체를 포기해야 한다. 그렇지 않고 선수들에게 둘 다를 요구하는 것은 선수를 좌절하고 절망하게 만들 뿐이다.

우리가 두려워하는 것은 진보와 과학의 이데올로기이다. 과학과 기술은 스포츠에게 안전성과 새로운 도전을 가능하게 했지만 역시나 '안락한 두려움'에서 벗어나지를 못하게 했다. 도핑이 사라지지 않는 이유는 바로 우리 사회가 1등과 신기록에 집착하기 때문이다. 살기위해서 어쩔 수 없이 도핑을 해야 한다는 것이다. 하면 안 되지만 어쩔 수 없이 현실적인 이유로 타협을 해야 하기 때문이다. 이런 이유를 감안한다 해도 무조건 도핑은 나쁜 것이기 때문에 금지를 주장하는 것은 현실적이지 못하다. 이 모든 것은 도핑에 대한 합리적 논의가 생략되었기 때문에 나타나는 현상이다.

이 연구의 목적은 도핑금지가 왜 당연한가에 대한 문제를 제기하는 데 있다. 즉, 도핑허용의 정당화 또는 도핑금지를 강화하는 것이다. 이제 더 이상 도핑 없는 기록갱신을 기대할 수 없게 되었다. 과학과 기술의 한계를 인정하고 인간의 도전과 성취(기록갱신)에 대한 기대를 포기하고 참가와 경기에 만족해야 한다. 이렇게 된다면 도핑은 더 이상 필요가 없어진다. 하지만 선수들의 기록에 대한 욕망을 쉽게 버릴 수가 없다. 그 결과 약물의 유혹에 쉽게 빠져들게 된다. 그런데 오해의 소지가 있다. 누구나 약물만 복용하면 슈퍼맨 같은 놀라운 힘과 기량을 보일 수 있다는 것이 아니다. 신체적 탁월성의 도움 없이는 약물의 힘은 크지 않다는 것이다.

선수를 가지고 있는 또 다른 편견과 오해가 있다. 도핑은 검사에서 검출되지만 않는다면, 크게 문제 될 것이 없다는 생각이 선수들 사이에 지배적으로 작동하고 있다. 도핑이 스포츠의 본질을 훼손하는 악으로 규정하는 것이 지배적인 생각이지만 지금 스포츠에서 사용되고 있는 도구들 역시 인간신체의 탁월성을 방해하고 스포츠의 본질을 훼손하는 것들이다. 그럼에도 불구하고 선수들은 첨단 고가의 도구를 사용하고 그 도움으로 승리와 기록을 갱신하고 있다. 승리와 기록에 대한 욕망을 버리지 못한다면 인체에 무해한 약물을 사용하여 승리와 기록을 갱신할 수 있다는 가능성을 제기하는 것이다. 만약 도핑허용이 정당성과 필요성을 얻을 수 있다면, 허용을 하는 것은 아무런 문제가 없다. 이를 위하여 도핑허용의 근거를 찾기 위해서 도핑금지 여섯 가지 이유에 대한 논의를 통하여 비판하였고 도핑허용의 전제조건을 찾아보았다.

도핑허용을 주장하기 위해서는 금지이유에 대하여 반박할 수 있어야 한다. 지금까지 "IOC를 비롯한 각종 스포츠단체에서 도핑을 금지하는 이유로서 공정성, 자연성, 건강, 타자피해, 강요, 역할모델 등의 여

섯 가지를 제시하고 있다. 즉 도핑은 공정의 원리에
위배되며, 선수들의 건강에 해롭고, 부당한 강요이
며, 타자에게 피해를 주고, 청소년들에게 바람직하지
않는 역할 모형의 선례를 남길 수 있으며, 스포츠의
구성요소인 자연성을 훼손하기 때문에 금지되어야만
한다는 것이다"(송형석, 2006a: 36). 이 금지이유에
대한 비판과 논의를 통해서 도핑허용론을 강화할 것
이다. 이하에서 여섯 가지 도핑금지이유에 대한 비
판과 논의를 하였다.

1. 공정성: 모든 도핑을 검사할 수 없다.

현재 도핑을 금지하는 이유는 여섯 가지이다. 첫
번째가 공정성의 문제이다. 도핑을 허용해야 하는
이유는 다양하지만 그 중에서 설득력이 있는 근거는
공정성이다. 도핑 한 선수와 도핑을 하지 않은 선수
가 경쟁하는 것은 공정하지 않다는 공정의 문제는
도핑을 금지해야 하는 가장 큰 이유로 사용되고 있
다.

만약 공정이 문제가 된다면, "도핑을 전반적으로
금지하는 것이 아니라 많은 사람들이 구입할 수 있

도록 기회를 주는 것이 좋다"(Brown, 1980). 반대로 생각하다면, 도핑을 허용해야 한다는 근거가 될 수 있다. 그 가능근거는 모든 도핑을 막을 수 없다는 점에서 찾을 수 있다. 현재 도핑검사 방법으로 검사가 되지 않는 도핑물질이 있다. 그것은 분명 도핑을 한 선수와 도핑을 하지 않은 선수간의 공정성이 문제가 된다. 모든 도핑물질이 검사가 가능하고 검출하지 못하는 물질이 없다면 공정성 문제는 제기될 수 없다. 하지만 현재 입장에서 이 모든 것을 충족시키지 못하기 때문에 공정성 문제에서 벗어날 수가 없다. 그렇기 때문에 공정성을 확보하는 차원에서 도핑을 허용해야 한다는 논리가 성립한다. 다음의 내용은 이 주장에 설득력을 보태주고 있다.

도핑을 불공평한 것으로 금지하는 것에는 기본적으로 역설이 포함되어 있다. 도구 신체는 한 없이 그 확대를 요청하는 것이고, 그것은 도핑마저 거절하지 않는 지점에까지 영향을 미칠 것이며, 그 극한은 신체의 파괴로까지 이를 것이다. 그러나 근대 스포츠를 지탱하는 이념에는 그것을 만류할 이론적 근거를 찾을 수 없다. 예를 들어 페어플레이의 원칙은 금지의 본질적 이유가 될 수 없다. 왜냐하면 평등을 기대하는 것이라면 누구라도 평등하게 사용하면 될 것이기 때문이다. 다만 현재는 신체에 피해를 초래하는 약제 밖에 없기 때문에 사용하지 않는 사람들이 있을 뿐 이고, 개량이 진행되어 무해한 약제가 발명된다면 누 구라도 사용할 것임에 틀림없다. 도핑은 금하면 금할 수록 달아날 구멍을 찾아 더욱 궁리를 할 것이며 확 대화의 추구하는 악순환이 야기될 것이다. 우리는 이 것을 구조적 역설이라 부른다. 극단적으로 말하면 확 대화의 악순환이야말로 근대 스포츠를 지탱하는 근 원적 성격이라 할 수 있지 않을까(김정효 역, 2011: 118).

모든 물질을 금지하지 말고 인체에 피해 정도를 고려하여 허용하는 것을 숙고해봐야 한다. 치료의 목적으로 우리가 먹는 약도 독성이 분명히 존재하기 에 부작용을 우려하면서도 복용하고 있다. 치료가 독성의 폐해보다 우선하기 때문에 선택하는 것이다. 우리가 경기에서 운동수행능력을 향상시키기 위해서 사용하는 용품과 같이 도핑을 생각 할 수 있다면, 크게 문제 될 것이 없다. 하지만 문제는 도핑으로 인한 선수가 사망할 수 있다는 것 때문에 도핑의 위 험성이 우리 의식을 강하게 지배하고 있다. 심지어 도핑은 스포츠의 본질을 훼손하는 악으로 규정하고 도핑금지를 당연하게 인식하고 있다. 도핑에 대한 우호적인 생각을 만나기가 쉽지 않다. 만약 도핑물질이 인체에 손상정도가 감기약 정도만큼 미약하다면 도핑을 허용하는 것은 문제가 되지 않는다.

스포츠에서 공정성은 스포츠정신과 관계가 있다. 스포츠정신은 기회균등, 공정한 경기, 페어플레이를 들 수 있다. 공정한 게임은 인체에 해롭지 않고 선택의 자유를 줄 수 있다면 문제 될 것이 없다. 도핑 그 자체에 대한 부정적 이미지가 지배적이기에 벗어나지 못하고 있다. 이 때문에 도핑은 무조건 나쁜 것이라고 생각한다. 하지만 현재 선수들의 신체적 한계를 인정하고 수준 높은 경기력을 요구한다면 과학기술을 넘어서는 약물에 의존할 수밖에 없다. 스포츠정신을 회복하는 것은 공정한 게임 조건을 성립시키는 것이다. 모든 도핑을 검사할 수 없다면 모두에게 허용하는 것이 더 공정하다고 할 수 있다. 단순히 도핑에 대한 부정적 이미지 때문에 무조건 금지해야 한다는 주장은 설득력이 떨어진다. 모두에게 허용해서 동일한 조건에서 경쟁을 한다면 스포츠정신이라고 할 수 있는 페어플레이 정신에도 위배되지 않는다. 어떤 선수에게 특별히 유리한 조건을 부여하는 것이 아니기 때문이다.

2. 자연성: 인위적이지 않은 것이 없다.

우리가 살아가면서 생존하기 위해서 다양한 활동을 한다. 산소를 호흡해야 하고, 음식물을 섭취하여 에너지를 써야 한다. 그렇기 때문에 살아있다는 것은 자연적인 것보다 인위적인 것들에 의해서 생존하고 있다. 도핑은 몸에 이물질을 주입해서 운동수행 능력을 강화시키는 일이다. 여기서 이물질은 자연적이지 않다는 것이다. 하지만 근본적으로 지금 여기서 자연적인 상태란 존재하지 않기 때문에 이 논리는 설득력이 떨어진다고 하겠다. 도핑만이 이물질이 아니라 우리가 숨 쉬고 마시는 음료 그리도 매일 먹는 음식, 이 모든 것이 자연적이지 않은 이물질이라고 할 수 있다. 과연 자연적이라고 주장할 수 있는 것보다는 그렇지 않은 것들이 더 많이 존재하고 있다는 것과 인위적이지 않은 것을 빼놓고 우리가 생존할 수 없다는 것이 큰 문제이다.

자연성이라는 개념이 갖는 애매성으로 인하여 비판에서 자유로울 수 없다. 세계적인 선수들은 물론이고 아마추어선수들까지 식생활과 훈련에 있어서 결코 자연적이라고 할 수 없는 방식을 따르고 있다. 장거리 선수들의 글리코겐로딩이나 보디빌더들의 고단백식품섭취 등과 같은 식이요법이 과연 자연스러운 방법인가? 과학적으로 뒷받침된, 고도로 계산적인 스케쥴에 따라 최첨단 장비를 이용하여 진행되는 훈련프로그램이 과연 자연적인 것인가? 현대 스포츠에서 자연적인 것과 인위적인 것의 경계는 갈수록 불투명해져만 가고 있다(송형석, 2006a: 249).

이처럼 운동경기에서 사용하는 과학적인 훈련방법이나 식이요법 그리고 스포츠용품들은 모두가 인위적인 것이다. 한 예로 마라톤 경기에서 달리기 구간마다 특정선수들이 섭취하는 음료와 식품 등은 과연 자연적이라고 할 수 있을까. 다른 선수들과 다른 한 선수만을 위하여 특별하게 만든 음료와 식품이 마라톤에 사용되고 있다. 그것에 대하여 자연적이지 않다고 비판하지 않는다. 마라톤에서 흔히 볼 수 있는 자연적인 현상으로 수용하는 것처럼 자연적인 것과 인위적인 것의 구별은 생각보다 쉽지 않다. 그렇다면 모든 경기는 맨발로 경기를 해야 한다는 논리가 성립한다. 그 결과 기록은 과거의 기록보다 떨어질 것이며 올림픽의 진보 이데올로기는 붕괴되고 만다.

3. 건강: 더 피해가 큰 것이 있다.

도핑금지의 가장 설득력이 있는 근거는 도핑을 하면 바로 인체에 치명적인 손상을 줄 수 있거나 사망할 수 있다는 것이다. 근대올림픽에서 도핑을 검사하게 된 경우는 1967년 사이클 선수인 토미 심슨(Tommy Simpson)이 암페타민이라는 약물을 복용하고 경기 중에 사망하는 사건이 발생했기 때문이다. 선수보호 차원에서 도핑검사가 행해졌다. 만약 인체에 피해를 주지 않는 다면, 도핑을 금지할 이유가 하나도 없다. 우리가 복용하고 있는 진통제의 독성을 알고 있지만 치료를 목적으로 복용한다. 예를 들어 여성들이 생리를 할 때 통증을 벗어나기 위해서 복용하게 되는 진통제의 독성은 근육 강화제의 독성과 비슷하다는 연구결과가 있다. 우리가 일상생활에서 사용하고 있는 약은 독성을 가지고 있어도 치료를 위해서 부득이하게 복용하지만 그 부작용 또한 무시할 수가 없다. 도핑 물질 역시 인체에 피해를 주기 때문에 금지하는 것이다. 만약 약물이 인체

에 아무런 피해를 주지 않는 다면, 도핑은 문제가
없다. 단적인 예로 복싱의 위험성과 피해를 생각해
볼 수 있다. 복싱으로 인한 사망자가 매년 있었다는
것은 그 해로움을 말해주는 것이다.

어떤 사람들은 멋진 결투 솜씨를 보기 위해 권투
를 관람하고 일부는 단지 폭력적인 혈투장면을 즐기
려고 한다. 폭력적인 것보다 더욱 우려되는 것은 보
이지 않는 신체적 상해이다. 망막이 손상되고, 신장
은 상해를 입고 연속되는 매를 맞음으로써 대뇌피질
이 약화되어 두뇌기능이 현저히 떨어지면서 축적된
손상이 외부적으로 나타나는 결과로써, 기억력감퇴,
비틀거리는 걸음걸이 등을 볼 수 있다. 문명화된 우
리사회에서 권투와 같은 경기로부터 얻어지는 즐거
움은 그럴싸하게 정당화될 수 있는가?(여인성, 함정
혜 역, 1995: 61 재인용).

또한 건강을 훼손하는 것은 도핑물질 이외에도 다
양하게 스포츠에 존재한다. "권투나 미식축구, 암벽
등반 같은 위험한 스포츠 자체나 장기간 지속되는
과도한 훈련도 선수의 건강에 큰 피해를 줄 수 있
다. 건강 때문에 도핑을 금지해야만 한다면 이러한
스포츠나 부담을 동반하는 트레이닝 자체도 금지해

야 되는 것은 아니냐고 반론을 제기할 수 있다"(송형석, 2006b: 248). 어떻게 보면 건강을 위한 운동이 아닌 건강을 해치는 운동이 운동선수 사이에서 흔하게 나타난다. 무리한 훈련으로 근육을 손상시키거나 피로누적으로 건강에 적신호를 가져올 수 있다. 그 결과 운동선수들이 일반인들보다 병원에 이용하는 횟수가 더 많으면 재활기관에서 치료 받는 기간도 생각보다 길다는 것이다.

이에 대하여 다음과 같은 반론이 제기될 수 있다. 복싱뿐만 아니라 모든 스포츠가 정도의 차이는 있지만 죽음의 위험을 가지고 있다. 스포츠로 인한 생명의 위협과 도핑으로 인한 생명의 위협이 과연 동일한 차원에서 비교될 수 있을까? 위험으로 인하여 죽을 수 있다는 것은 과정보다는 결과에서 보면 같다고 할 수 있다. 모든 스포츠가 죽음의 위험을 가지고 있다면 스포츠를 금지하는 것이 당연한 논리이다. 하지만 현재 그 위험성에도 불구하고 허용하고 있는 것은 스포츠특성을 반영한 것이다. 예를 들어 복싱은 뇌에 충격을 가해서 치매나 식물인간, 사망과 연결된 일들이 있었다. 그렇다면 복싱을 폐지하는 것이 정당하다. 그럼에도 불구하고 복싱이 유지되는 것은 인간들의 욕망이 원하기 때문이다. 도핑도 인간의 기록생신에 대한 욕망을 버리지 않는다면 그 위험성을 불구하고 허용하는 것은 문제가 없다. 그리고 도핑허용의 전제조건으로 인체에 안전하고 운동수행능력만을 향상시킬 수 있다는 것을 제시한 바 있다. 그렇기 때문에 복싱보다는 도핑을 허용하는 것이 안전할 수 있다.

좀 더 알아보자. 스포츠는 부상과 죽음에 대한 위험이 항상 존재한다. 히말라야 등정은 죽음의 위험이 따라 다닌다. 정상등반과 하산 할 때 사고로 목숨을 잃은 사례들은 히말라야 등반과정에서 많이 있어왔다. 복싱으로 인한 사망자수는 무시할 수 없을 정도로 많다. 생명을 위협하는 위험한 복싱은 지금까지 금지 내지는 폐지를 하지 않고 도핑만을 위험하다고 금지하는 것은 해로움의 기준을 갖고 본다면 설득력이 떨어진다. 스포츠에서 발생하는 상해는 선수생활을 위협할 뿐만 아니라 선수생명에도 치명적이다. 전문선수들에게 운동은 위험을 감수하면서 행할 수밖에 없다는 특수성을 가지고 있다.

현재 도핑검사가 공정한 경쟁을 가져오고 선수들의 건강을 보호하지 못할 수 있다. 왜냐하면 과학기술의 발전으로 도핑검사를 통해서 검사하지 못할 정도의 약물이 존재하기 때문이다. 일부 선수들이 과학자들의 도움을 받아 도핑검사에 걸리지 않는 약물을 사용하고 있다면 그 약물은 이전의 다른 도핑물질보다 건강에 더 치명적일 수 있다. 선수가 도핑검사를 피하면 그 만큼 더 신체에 치명적인 약물을 복용할 가능성이 커진다. 그렇기 때문에 도핑금지보다는 허용하는 방향으로 선회하여 약물 남용을 방지하고 용인된 약물만 사용하도록 한다면 선수들의 건강을 보호 유지하는데 도움이 될 것이다.

4. 타자피해: 선택의 권리를 존중해야 한다.

이 논리는 한 선수가 약물을 복용하고 경기에서 승리하거나 신기록을 수립하게 되면 다른 선수 역시 간접적 영향으로 도핑의 유혹을 받아 도핑을 해서 결국에는 피해를 보게 된다는 주장이다. "타자피해의 논점은 다양한 형태의 피해를 가진다. 도핑을 한 선수들에 대한 피해, 다른 선수들에 대한 피해, 사회에 대한 피해, 그리고 도핑금지 때문에 나타나는 피해 등이다. 이 주장은 불완전하다. 왜냐하면 엘리트 스포츠에서 이미 상당하게 강압적으로 과도한 훈련을 하고 있기 때문이다. 만약 온 종일 훈련과 과도한 훈련, 다이어트 통제 등으로 보다 좋은 결과를 보여주려고 한다면, 누구나 그러한 통제를 유지하여 수용할 수밖에 없다"(Morgan, Meier & Schneider, 2001: 104).

무한경쟁에서 기록과 승리를 하기 위해서 선수들은 약물에 의존한 경우가 있어 왔다. 한 예로 "미국 올림픽위원회 소속 스포츠의학전공 의사가 청소년 운동선수들을 대상으로 이런 조사를 한 적이 있다. 만약 올림픽 대회에서 금메달을 딸 수 있도록 만들어주는 약물이 있는데, 그것을 복용하면 생명이 5년 단축되는 부작용이 있다. 그런데도 그것을 복용하겠는가? 반 이상이 그럴 것이라고 대답했다"(최의창 역, 2003: 136).

우리는 10대 선수들이 금메달과 기록에 대한 과도한 경쟁 압박으로 인하여 도핑사용자가 되는 것을 보호해야 한다. 이를 위하여 다른 선수에게 피해를 주지 않기 위해서는 모두가 도핑을 하도록 기회(인체에 해롭지 않은 약물)를 주는 것이 필요하다. 왜냐하면 도핑금지를 강화하면 할수록 도핑검사를 통해서 밝혀 낼 수 없는 약물을 복용할 수 있는 개연성이 높기 때문이다. 이 문제를 해결하기 위해서는 선수들이 약물을 선택할 수 있는 자유를 부여하고

결정은 선수들이 자유롭게 선택할 수 있도록 하는
것이 좋을 것 같다.

5. 강요: 강요보다 자유가 우선한다.

문제는 최고의 경기에서 좋은 성적을 얻기 위해서
경쟁에서 승리해야 한다. 그런데 공정한 경쟁이 전
제되지 않으며 좋은 성적을 얻기가 어렵다. 공정한
경쟁을 하기 위한 방법이 도핑을 공개적으로 모두에
게 허용하는 것이다. 그 결과 도핑이 선수사이에 만
연하여 사회적 문제가 될 수 있다. 경쟁자들이 이미
약물을 복용하여 최고의 운동수행 능력을 보여주고
있다는 생각 때문에 자신도 좋은 결과를 얻기 위해
서는 도핑을 해야 한다는 강요에 빠지게 된다. 그렇
다면 모두가 도핑을 하도록 허용 한다면, 더 이상의
경쟁에 의한 강요에 의해서 도핑을 할 필요가 없다.
다만 허용된 약물만을 사용하도록 규정과 감독을 철
저히 한다면 인체에 미치는 피해를 최소화 할 수 있
다.

선수들의 도핑은 지도자의 강요보다는 자유로운
선택에 의해서 행해진다고 할 수 있다. 지도자가 선

수들에게 강요를 하기 때문에 어쩔 수 없는 도핑을 하는 것으로 알고 있지만 실제 살펴보면, 신기록과 사회적 지위, 명예를 위해서 어쩔 수 없이 도핑을 한 경우가 더 많다. 신기록에 대한 열망과 우승에 대한 기대를 선수 자신이 자신을 강제하여 도핑을 하고 있는 것으로 나타났다. 인간은 자유의지를 가지고 있기 때문에 강요는 일어나기 어렵다. 지도자가 선수에게 도핑을 권유할 수 있지만 선수 자신이 선택하지 않고 도핑을 하는데 여러 문제가 있다. 선수는 동물이 아니라 한 인격체이며 자기 결정권을 가지고 있는 존재이다. 그러므로 강요에 의한 선택보다는 자유로운 선택을 해서 도핑을 한다고 하겠다. 이 주장에 대하여 다음과 같은 반박을 생각해 볼 수 있다.

다른 사람에 의해 자유의지를 침해받을 수 있는 어린 선수들도 있지 않나? 어린선수들은 지도자에 의존도가 높기에 지도자의 결정에 따라서 판단하고 행동하는 일이 있다. 판단능력이 떨어진다고 생각한다면 어린 선수들의 자유의지는 보장받지 못할 수 있다. 그렇기 때문에 선수들의 자유의지를 방해하는 모든 것들을 차단하고 보호할 수 있도록 해야 한다. 그런 가운데서 어린 선수들이 자유의지에 따라서 선택할 수 있도록 내버려 두어야 한다. 어른들의 권력이 작동하지 못하게 하는 것이 또 다른 어른들이 해주어야 할 숙제이다.

6. 역할모델: 타산지석의 가능성이 있다.

청소년들은 그들이 숭배하는 스포츠스타를 모방한다. 머리 모양, 옷부터 시작해서 행동에 이르기 까지 모방한다. 고등학생 심지어 중학생선수들 가운데 상당수가 대학과 프로선수들 중 그들이 우상으로 여기는 선수들을 모방하여 스테로이드를 사용하고 있다는 보고가 있다(Hyland, 1990: 56). 청소년들이 스타를 우상으로 숭배하는 경향을 현대 사회에서 흔하게 볼 수 있는 현상이다. 길거리에서 농구를 하는 청소년들의 복장은 미국프로농구 선수들의 복장과 비슷하고 운동화 역시 그들이 신고 있는 상표의 신발을 신고 농구를 하는 모습을 쉽게 볼 수 있다. 초등학교 학생들이 경기하는 장면에서 침을 뱉는 모습을 보면 그것이 그들이 존경하는 선수들이 경기장에서 보여준 행동을 그대로 따라 한다는 것을 알 수 있다.

　반면에 청소년들이 스포츠 스타를 모방만 하는 것이 아니라 그들의 잘못된 행위에 대하여 경각심을 가질 수 있다. 도핑은 나쁜 것이다. 그렇기 때문에 하지 말아야 한다는 것은 어린학생들에게 잘 알려져 있다. 도핑을 하면 당하게 되는 불이익에 대하여 학생들은 잘 알고 있다. 그런데 자신의 역할모델로 생각하고 있는 선수가 도핑을 했다고 해서 어린학생들이 도핑을 따라 한다는 것은 설득력이 떨어진다. 나쁜 일인지 알면서 자신의 역할모델과 동일시하기 위하여 도핑을 한다는 것은 단순한 일반화의 오류이다. 자신들이 존경하는 인물이 도핑을 했다면 그것은 어린 선수들에게 충격일 수 있지만 무의식적으로 모방한다는 주장은 무리가 있다. 역으로 학생선수들은 도핑을 한 선수를 타산지석으로 삼아서 도핑을 하게 되면 선수생활이 끝이라는 것과 도핑으로 인하여 선수에게 돌아오는 불이익과 사회의 평가를 생각할 수 있을 것이다. 그것은 하나의 전례가 되어서 도핑을 해서는 안 된다는 결심을 하게 할 것이다.

4장. 도핑의 허용론

도핑은 나쁘기 때문에 무조건 금지해야 한다는 논리는 설득력이 떨어진다. 왜 금지해야 하는가에 대한 이유와 그 이유에 대한 반론을 통해서 도핑허용에 따른 문제점을 밝힐 수 있다면 문제가 되지 않는다. 도핑을 허용하기 위해서 전제되어야 할 세 가지 조건은 윤리적 사고를 통해서 얻을 수 있었다. "윤리적 사고방법은 도덕원리, 도덕규범, 도덕행위의 3층 구조로 되어 있다. 이중에서 도덕적 판단의 조건이 되는 것은 도덕원리이다. 도덕원리의 선택은 그것이 결과적으로 더 포괄적이고, 더 합리적이고, 더 공감적인 도덕적 판단을 할 수 있게 해야 한다는 것이다"(소홍렬, 1985: 47). 이에 근거해서 도핑허용의 성찰을 통해 얻은 도덕원리의 근거는 다음과 같다. 하나는 도핑허용을 반대하는 자가 없어야 한다

는 것과 다른 하나는 모든 선수들에게 선택의 자유
를 주어야 한다는 것이다. 나머지 하나는 인체에 해
롭지 않아야 한다는 것이다. 앞의 세 가지 조건만
충족시켜준다면 도핑허용은 문제가 되지 않는다. 더
구체적으로 알아보자.

1. 공정: 반대하는 선수가 없어야 한다.

도핑금지를 주장하는 여섯 가지 이유들에 대한 비
판을 통해서 논리적 약점을 가지고 있다는 것을 확
인할 수 있었다. 그럼에도 불구하고 도핑검사를 실
시해야 한다는 입장이 사회전반에 확산되고 있어 이
를 극복하고 도핑허용론을 주장하는 것은 무리한 도
전이라고 생각한다. 하지만 우리가 당연하다고 생각
하는 것에 대하여 '왜 당연한가'에 대한 논의를 통해
서 수용할 가치가 있다면 수용할 필요가 있다.

도핑은 선수들 사이에 광범위하게 확산되어 도핑
으로부터 자유로운 선수는 없기 때문에 도핑을 허용
하는 것에 대하여 생각해 봐야한다. 특히 "반 도핑
정책은 다음의 5가지 특정 스포츠 문제들에 맞서
투쟁하고 있다. 검사절차, 설정된 불법의지, 규제의

차이, 상업적 필요, 정치적 도전 등이다"(조성식 역, 2010: 153). 이런 문제들이 해결되지 않는 다면 공정성 차원에서 피해를 보는 선수들이 지속적으로 존재할 것이다. 이 논리에 대하여 다음과 같은 반박논리를 생각해 볼 수 있다. 도핑은 선수들 사이에 광범위하게 확산되어 도핑으로부터 자유로운 선수는 없다. 예를 들어 학생들 사이에서 시험 부정행위가 광범위하게 이루어지고 있기 때문에 커닝에 자유로운 학생은 없다. 결국 부정행위라는 것을 알지만 현실적으로 어쩔 수 없이 허용해야만 한다는 논리인가?

도핑이 확산되어서 어쩔 수 없이 도핑을 허용해야 한다는 논리가 아니라 공정성 차원에서 도핑을 한 선수와 하지 않은 선수가 공정하지 않기 때문에 공정함을 확보하기 위해서 도핑을 허용하자는 주장이다. 학생들 사이에 커닝이 광범위하게 이루어지기 때문에 커닝을 허용하자는 것이 아니라 커닝하는 학생과 하지 않는 학생의 공정성 차원에서 생각해 봐야 한다. 오픈북 시험처럼 커닝을 허용하고 시험을 어렵게 출제해서 커닝만으로 풀 수 없고 자신의 실력으로 풀도록 한다면 공정성뿐만 아니라 변별력을 확보하기 때문에 가능하다. 도핑허용은 어쩔 수 없는 문제도 있지만 그것보다 더 큰 이유는 공정성을 확보해야 한다는 것이다.

이에 대하여 다음과 같은 반론이 제기될 수 있다. 모든 선수에 걸쳐 도핑검사를 하지 않는다면 도핑의 공정성이 떨어진다는 주장은 설득력이 떨어진다. 도핑 검사를 모든 선수들이 하기란 쉽지 않을뿐더러 도핑 검사관의 인력도 모자란다. 그래서 어느 정도 공정성을 보장하기 위해 무작위로 선수를 선발하여 도핑 검사를 하기 때문에 문제가 없다. 물론 문제가 없다고 할 수도 있지만 조금 더 분석해 보면 그 피해를 알 수 있다. 도핑을 무작위로 한다는 것은 도핑을 걸리지만 안으면 된다는 심리를 가지게 할 수 있다. 도핑검사를 통해서 밝힐 수 없는 것이 혈액도핑과 유전자도핑 등이 있다. 이것을 현재의 과학으로 해결할 수 없다는 것과 현재 도핑금지목록에 들어 있는 물질을 피해서 새로운 신종 도핑을 사용하고 있다면 그 피해를 더 클 수가 있다. 모두를 대상으로 도핑을 할 수 없다는 것은 처음부터 공정성을 확보하지 못하고 있다는 점이다. 인력과 비용의 문제가 있기에 도핑을 모두 한다는 것은 불가능하다. 그렇다면 모두에게 도핑을 허용하는 것이 더 공정하다는 논리이다.

대안은 도핑허용론에서 찾을 수 있다. 도핑을 허용하기 위해서는 도핑허용을 반대하는 선수가 없어야 한다. 한 명이라도 반대하는 선수가 있다면 그것은 공정성을 잃을 수 있기 때문에 반대하는 사람이 없도록 하는 것이 중요하다. 하지만 도핑을 피할 수 없다면 받아들이자 논리는 설득력이 없다는 반론을 생각해 볼 수 있다.

도핑을 사용하시 않고 승리와 기록을 갱신하는 것은 불가능 해졌다. 과거에는 과학과 기술에 의해서 만들어진 도구를 활용해서 기록을 갱신해 왔다. 계측장비의 개발로 미세한 기록까지도 측정할 수 있어서 신기록은 가능했다. 현재 도구의 진보는 한계에 직면하고 우리가 기대할 수 있는 것은 약물을 이용한 기록이다. 하지만 사람들은 도핑에 대한 부정적 생각이 지배적이고 도핑을 악으로 규정하기 때문에 약물을 사용하자는 주장이 설득력을 얻기 어려워 보인다. 우리가 아플 때 약을 먹는 것은 아무론 문제를 제기하지 않는다. 그 약에는 독성이 존재하기에 인체에 피해를 줄 수 있다는 것을 너무나 잘 알면서도 복용할 수밖에 없다. 다른 대안을 찾을 수 없기 때문이다. 현재 선수들이 사용하는 도핑을 모두 검사할 수 없다는 한계점이 있다. 이 사각지대를 이용해서 도핑을 하고 그 결과 승리와 기록을 갱신하는 경우가 있다. 그렇다면 몰래 도핑을 하지만 검사를 할 수 없는 선수와 일반 선수와 경쟁을 하는 것은 공정하지 못한 일이다. 그것보다는 차라리 모두가 인정하는 약물을 복용하고 그 약물의 힘과 선수 개인의 신체적 탁월성이 결합하여 승자를 가리는 것이 더 공정하고 합리적이다.

2. 자유: 선택의 자유를 주어야 한다.

도핑을 금지하는 담론들은 논리적 허점을 생각보다 많이 가지고 있다. 도핑을 검출하지 못하면 도핑을 의심할 수 있지만 밝혀낼 수가 없다. 밝혀낼 수가 없다면 이미 공정성은 무너지고 만다. 문제의 심각성은 도핑검사를 강화한 이후 도핑적발 건수가 줄어든 것이 아니라 오히려 점점 늘어나고 있다는 것과 유전자도핑, 혈액도핑, 에어도핑과 같은 새로운 도핑기술이 등장하고 있다는 점이다. 이외에도 아직까지 밝혀지지 않았지만 검출되지 않은 약물과 방법들이 있는지도 모른다. 아직 밝혀지지 않고 있을 뿐이다.

이 때문에 공정성이 문제가 되고 있다. 도핑을 한 선수와 도핑을 하지 않은 선수의 경쟁은 공정하지 못하다는 입장이다. 이 문제는 도핑을 할 수 있도록 선수들에게 선택의 자유를 주면 쉽게 해결될 수 있다. 하지만 도핑 허용은 우리사회가 용납하지 않는 비상식적인 행위이다. 그렇기 때문에 도핑금지를 당연하게 생각하는 운동문화가 형성되어 있다.

이런 차원에서 다음과 같은 비판이 제기될 수 있다. 소수(도핑)를 위해 다수(반도핑)의 자유가 침해당할 수 있는 것이 공정함이라고 할 수 있나? 공리주의 관점에서 최대다수의 최대이익을 확보할 수 있는 방법은 도핑으로 혜택을 보는 소수를 넘어서 다수가 혜택을 볼 수 있기에 공정함이라고 할 수 있다. 도핑검사에서 걸리지 않고 도핑을 이용하는 선수를 인하여 다수의 선수들이 피해를 볼 수 있다. 이 문제는 해결하는 것은 도핑을 허용하는 것 밖에 다른 방안이 없다.

모두가 도핑을 할 수 있다면 공정성의 문제는 자연스럽게 해결될 수 있다. 또한 도핑을 하지 않을 권리가 분명히 있다. 그것은 선택의 자유를 전제하고 있기 때문에 문제가 되지 않는다. 도핑을 하느냐, 하지 않느냐는 결국 선수 자신이 선택해야 할 문제이다. 인체에 무해하고 수행능력향상을 가져올 수 있다면 선택할 가능성이 높을 것이다. 그럼에도 불구하고 도핑을 하지 않는 다면 그것은 선수의 자유의지에 대한 존중을 인정해야 한다.

현실은 현재의 도핑검사로 밝혀 낼 수 없는 도핑물질이 존재한다는 것을 부인할 수 없다. 예를 들어 혈액도핑과 유전자도핑 등은 검사할 수 없다고 한다. 자신의 피를 채혈했다고 경기당일 주입하여 운동수행능력을 향상시키는 혈액도핑을 밝혀낼 가능성이 희박하다. 팔뚝의 주사 자국으로 판단하기에서 여러 가지 위험성이 있다. 주사 자극이 있는 모든 선수를 도핑선수로 규정할 수 있기 때문이다. 모든 도핑물질을 검사할 수 없다면 역으로 도핑을 모두에게 허용하는 것이 공정성 문제를 해결할 수 있는 답이다. 무조건 금지로 인하여 피해를 보는 선수가 생겨날 수 있기에 공정성의 문제가 생긴다. 이 문제를 해결하기 위한 조건은 인체에 해롭지 않고 단지 운동수행 능력만 강화하도록 돕는 약물의 개발이다. 그렇게 되면 도핑은 아무런 문제가 되지 않는다.

그럼에도 불구하고 도핑을 허용해서는 안 된다는 입장을 만날 수 있다. 도핑허용을 반대하는 근거는 도핑이 스포츠의 본질을 훼손함으로서 이유를 막론

하고 사라져야 될 악이라고 보기 때문이다. 구체적
으로 살펴보자. 스포츠의 본질은 기분전환과 오락의
의미를 담고 있어 기분 좋은 신체활동이라고 요약할
수 있다. 무엇이 스포츠의 본질인지 그것을 규명하
는 것은 생각보다 쉽지 않다. 경기로서 스포츠의 본
질을 생각한다면 공정한 규칙과 경쟁을 통해서 승패
를 나누는 신체활동이라고 할 수 있다. 여기서 본질
은 공정한 경쟁과 신체의 탁월성만을 통해서 승패를
결정지어야 한다는 것이다. 그렇다면 현재 사용하고
있는 모든 용품들은 신체의 탁월성을 방해 할 수 있
기에 사용하지 말아야 한다. 100미터 선수들은 맨발
로 달려야 하고 트랙도 타이탄 트랙이 아닌 맨땅에
서 경기를 해야 스포츠의 본질에 맞는다. 그 결과
지금의 신기록들은 불가능하다. 도구를 이용하여 기
록을 갱신해 왔기에 도핑을 악으로 규정하는 선입견
보다는 하나의 도구로 생각할 수 있다면 문제가 될
수 없다. 선입견은 고집으로 작동하고 고집불통으로
소통이 단절되고 새로운 논의를 불가능하게 하는 위
험성이 있다.

3. 건강: 인체에 해롭지 않아야 한다.

도핑금지를 지지하는 아주 강한 논리는 인체를 손상시키거나 심하면 사망할 수 있다는 것이다. 질병이 발생하면 어쩔 수 없이 독성과 부작용의 위험성에도 불구하고 약물을 복용하는 것이 현실이다. 그것은 약물의 도움 없이 건강을 회복하고 유지하기가 불가능하기 때문이다. 물론 약물의 도움 없이 인체의 기력을 강화하여 자연치유력을 회복해서 치료할 수가 있다. 하지만 세균성 질환과 같은 경우는 약물을 사용할 수밖에 없다. 모든 약물이 독성을 가지고 있을 뿐만 아니라 부작용으로 합병증을 가져올 수 있다는 것을 우리는 너무나 잘 알고 있다. 그럼에도 불구하고 다른 대안이 없기 때문에 약을 복용할 수밖에 없는 경우가 있다. 도핑 역시 생각을 바꿔서 생각해 보면 이해가 빠르다. 도핑을 사용하지 않고 기록을 갱신할 수 없다면, 혹은 기록 갱신에 대한 인간의 욕망을 포기하지 않는다면 약물의 도움을 생각해 볼 수 있다. 만약 승리와 기록갱신(신기록)의 욕망을 포기할 수 있다면 약물의 유혹에서 우리 자신을 지켜갈 수가 있다. 하지만 현실은 더 빠르고,

더 높고, 더 강한 것을 끊임없이 요구하며 그 요구를 충족시킬 때 우리는 인정을 받기 때문이다. 인정욕구를 포기할 수 없는 심리적 구조로 인하여 약물에 가까이 가게 된다.

도핑을 허용 하자는 말이 황당한 주장이 아니라 것에 대해 말해보자. 도핑을 허용하기 위해 요구되는 것은 인체에 해롭지 않아야 한다는 전제조건이다. 뿐만 아니라 운동수행능력을 강화하는데 도움이 되어야 한다. 약물을 복용하는 것은 과학기술의 발달에 의하여 만들어진 새로운 용품 하나를 사용하는 것과 크게 다르지 않다고 생각할 수 있다면 그렇게 납득하지 못할 이야기는 아니다. 운동기구를 잘못사용하면 인체에 치명적인 위험을 가져 올 수 있는 것처럼 약물 또한 잘못사용하면 사망에 이를 수 있다. 그렇기 때문에 인체에 해가 되지 않는 선상에서 부분적 허용이 있을 필요가 있다. 지금도 약물을 부분적으로 인정하고 허용하고 있다. 다만 독성이 강하여 인체에 피해를 주는 경우는 여전히 금지를 하고 있다. 우리가 복용하는 진통제 정도의 독성이 있다면, 전면금지보다는 부분적인 허용이 더 합리적이다. 미국 프로야구에서도 약물을 부분적으로 허용하고 있다. 도핑이 인체에 치명적인 손상을 주지 않기 때문이다. 그리고 선수 개인의 차이에 의해서 약물의 독성은 다르게 작용할 수 있다는 점에서 건강에 심각한 피해를 주지 않는 선에서 부분적 허용을 시작할 수 있다. 그렇게 되면 진보에 대한 인간의 희망과 기록 갱신에 대한 열광을 재현할 수 있을 뿐만 아니라 공정성 문제 역시 자연적으로 해결될 수 있을 것이다.

이에 대하여 다음과 같은 반박을 생각해 볼 수 있다. 도핑을 허용하고 규정과 감독을 철저히 한다는 것은 현재도 실천되고 있다. 단지 허용범위를 넓히는 수준에 머무르지 않나? 지금 일부 도핑물질을 허용하고 있다. 그 물질의 위험정도의 차이를 인지하고 허용수준을 내리는 것이다. 도핑 허용 범위를 점차적으로 넓혀가면서 차후에 도핑허용을 완전히 하자는 것이다. 왜냐하면 인체에 해롭지 않은 약물이 개발된다면 문제가 되지 않기 때문이다. 현재 인체에 유해하지 않는 물질이 아직 없기에 인체에 피해를 주는 위험 정도의 차이를 고려해서 허용하고 있는 것이다. 인체의 위해하다면 약을 복용해서는 안 된다. 위험을 인지하고 있지만 질병을 치료해야 하기 때문에 어쩔 수 없이 복용하는 것이다. 선수들도 약물의 위험은 알지만 기록갱신을 위해 어쩔 수 없이 복용해야 하는 것이다. 일반인들이 약물을 복용했다고 해서 엄청난 기록을 세우는 것이 아니다. 평소의 운동량이 전제되어 기록이 나오는 것이다. 내가 약을 먹었다고 마라톤에서 신기록으로 우승을 할 수 없다. 엘리트 선수들이 약간의 약물의 도움을 받고 자신의 실력으로 승리하는 것이다.

하지만 지금 현재 인체에 해롭지 않은 약물은 아직 개발하지 못한 상태이기에 논리적 근거는 미약하다. 과연 인체에 무해한 약물 개발 가능성은 있기나 한 걸까. 과학기술의 발전 속도로 본다면 인체에 무해하고 운동수행능력만을 개선할 수 있는 약물이 가능하다고 생각해 볼 수 있다. 다가올 미래에 인체에 무해한 도핑물질을 개발 할 수 있다면 도핑허용론이 제기될 것이다. 하지만 현실은 도핑허용론의 전제조건이 아직까지 해결되지 못하기 있기 때문에 도핑허용론의 가능성은 희박하다. 이와 같은 주장에 대하여 다음과 같은 반론이 제기될 수 있다. "언제가 완벽한 도핑이 가능해질 것이니까 미리 허용하자! 어차피 죽을 테니깐 지금 자살하자!"와 같은 논리다. 수용하지 어려운 주장과 논리라는 반박이 가능하다. 이러한 반론에 대하여 다음과 같이 재반박할 수 있다.

　인체에 해롭지 않은 약물의 개발이 당분간 불가능하기 때문에 금지하는 것은 당연하다. 인체에 해롭지 않으며 운동수행능력에 도움을 줄 수 있는 약물이 개발되고, 선수들이 이 약물을 동일하게 복용한다면 그것을 아무런 문제가 되지 않는다. 우리들은 도핑을 나쁜 것이니까 사용해서는 안 된다는 생각을 너무나 강하게 가지고 있어서 도핑을 허용하자는 것에 대하여 강한 거부감 생길 수밖에 없다. 내가 주장하는 것은 완벽한 도핑이 가능하니까 미리 허용하자는 것이 아니라 완벽할 때 가서 허용하자는 것이다. 미리 허용하자는 것이 아니라 약물의 인체 해롭지 않다는 것을 확인될 때까지 허용하지 말자는 것이다. 어차피 죽을 테니까 지금 자살하자는 것이 아니다. 인간이 어차피 죽는지 확인하기 위해서 자연적으로 죽을 때까지 살아보자는 것이다. 자살하자는 것이 아니라 살아보자는 논리이다. 인체에 해롭지 않은 약물개발은 불가능하기에 도핑금지는 강화될 수밖에 없다는 이중부정의 강한 긍정의 논리이다.

5장. 도핑의 미래

    도핑의 미래, 미래의 도핑은 어떻게 될 것인가. 사라질 것인가. 아니면 새로운 약물로 진화할 것인가. 첨단과학 기술이 발전하여 혈액도핑, 에어도핑, 유전자도핑과 같이 현행 도핑검사 기술로 발견이 어려운 도핑들이 새로운 검사기술의 발달로 인하여 밝혀질 것이라고 보는 입장이다. 그렇게 되면 모든 도핑을 검사로 밝혀지고 선수들의 도핑의지 또한 사라질 것이라고 생각된다. 이러한 생각은 극히 낙관론적인 입장이다.

    비관론적 입장에서 보면 승리에 대한 열망이 사라지지 않는 이상 도핑은 영원히 사라지지 않을 것이다. 새로운 과학기술을 사용한 도핑 물질이 개발되고 그것을 이용하여 승리하는 구조가 작동될 수 있기 때문에 계속적으로 진화하는 도핑물질이 만들어질 것이다. 현행 검사기구로 밝히지 못하는 신종 도핑기술이 나타날 것이다. 현재 에어도핑, 유전자도핑, 혈액도핑은 검출하는데 어려움이 있다,

월드컵과 올림픽 같은 스포츠이벤트가 사라지지 않는 이상 도핑전쟁은 사라지지 않고 지속될 것이라는 입장이다. 두 가지 입장 모두 이유가 타당한 가능한 근거들이다. 그렇다면 도핑을 허용하여 공정한 경쟁 상태를 만드는 것이 좋다는 입장에서 허용론을 주장될 수 있다. 하지만 여전히 도핑은 스포츠정신을 위배하는 것으로 받아들여질 수 없다는 입장이 강하게 작용하는 도핑금지담론이 있을 것이다.

앞에서 제기했지만 인체에 손상을 주지 않는 안전한 약물로 기록을 달성하는데 도움을 줄 수 있다면 허용을 해도 문제가 되지 않을 것이다. 그래서 운동용품처럼 누구나 원하기만 하면 약물을 복용할 수 있도록 하는 것도 크게 문제가 될 것이다. 문제는 정서상 도핑이 나쁘다는 인식이 강하게 작동하기 때문에 도핑의 허용론보다는 도핑금지가 더 동의를 얻을 것이다.

6장. 결론

도핑금지를 왜 당연하게 생각해야 하는가에 대한 문제 제기 차원에서 도핑을 금지하는 이유 여섯까지 공정성, 자연성, 건강, 타자피해, 강요, 역할모델 등에 대한 논의를 해보았다. 이들 도핑을 금지하는 논리는 허점을 들러나고 있다. 하나씩 비판을 칼을 들려대면 논리를 흔들 수 있을 만큼 탄탄하지 못하다. 그렇기 때문에 공정성의 문제가 제기되어질 가능성이 항상 내재해 있다.

이러한 상황에서 도핑허용론이 등장하였다. 모든 도핑행위를 검출하지 못한다면 공정성을 확보할 수 없기 때문에 차라리 도핑을 허용하는 것이 한 방안이라고 할 수 있다. 그 결과 도핑허용론의 가능근거인 세 가지 전제조건을 충족시켜 줄 수 있다면 가능할 수 있다는 나름의 논리를 주장하였다. 그 근거는 반대하는 자가 없고, 인체에 해롭지 않다는 것과 선택의 자유가 있어야 한다는 것이다. 아직까지 앞의 조건들을 충족시키지 못하고 있기 때문에 이 문제가 해결될 때까지 도핑금지의 정당화 주장은 유지될 수밖에 없다. 만약 도핑허용의 전제조건이 성립된다면 도핑을 허용하는 것은 문제가 없을 뿐만 아니라 가능하다.

스포츠철학은 스포츠의 진리, 진실, 지혜를 탐구하는데 목적이 있다. 우리 스포츠문화에서 관행처럼 당연하게 생각하는 것들이 많이 있다. 그 대표적인 것으로 도핑을 들 수 있다. 도핑은 나쁜 것이고 비도덕적 행위라고 비난을 하며 금지만을 강요해오고 있다.

도핑금지가 왜 당연한가에 대한 문제 제기는 탈인습적 사고를 통해서 진실에 접근하려는 시도다. 도핑금지 그 자체에 대한 성찰을 통해서 진실을 밝히려는 노력보다는 도핑금지를 당연하게 생각하고 일종의 관행으로 스포츠문화를 지배하고 있다. 관행과 악습은 스포츠문화의 변화를 가로막는 걸림돌이다. 그렇기 때문에 불변하는 것처럼 당연시하는 도핑금지와 스포츠문화에 대한 성찰이 요구된다.

참고문헌

권오걸(1999). 도핑과 승낙의 효과에 관한 일 고찰: 독일의 이론과 판례를 중심으로. 산업개발연구, 5(1), 201-218.

김민중(2007). 도핑에 관한 법적 고찰. 스포츠와 법, 10(4), 53-104.

김민중(2010). 도핑의 민사법적 문제. 법학연구. 31, 327-355.

김용섭(2010). 도핑 규제의 법적 과제. 저스티스, 115, 183-202.

김용섭(2016). 국제스포츠중재재판소(CAS)를 통한 분쟁해결과 불복절차: 독일 빙상선수의 도핑 사례 분석을 겸하여. 스포츠와 법. 19(4), 91-116.

김은국, 최호경(2016). 라켓종목 선수들의 도핑에 대한 사고방식과 스포츠 성취동기 성향과의 관계. 한국스포츠학회지. 14(4), 875-883.

김석기(2015). 도핑을 둘러싼 공리주의와 의무론. 움직임의 철학: 한국체육철학회지. 23(1), 19-41.

김정효 역(2011). 스포츠문화를 읽다. 서울: 레인보우
북스.

김지호, 이은비, 박성주(2015). 유전자 도핑의 윤리적
쟁점과 대응방안. 한국체육학회지. 54(4),
43-58.

김진훈, 이호근(2015). 도핑검사관의 현실과 이상. 한
국체육학회지. 54(4), 407-416.

김진훈, 채승일, 이호근(2013). 도핑과 반도핑. 스포
츠인류학연구. 8(1), 41-55.

김진훈(2014). 도핑방지의 규정과 정의. 한국사회체
육학회지. 58(1), 87-96.

김종규, 천윤석, 강성기, 조현철(2009). 엘리트 선수
들의 한약섭취 실태와 도핑안전성 검증. 체
육과학연구. 20(4), 734-742.

김태규, 김세형(2014). 엘리트 선수의 도핑 사고성향
분석을 위한 한국형 PEAS의 타당도 검증:
Rasch 모형 적용. 한국데이터정보과학회지.
25(3), 567-578.

김태규, 차정훈, 차광석, 김기현(2016). 엘리트 골프
선수들의 도핑에 대한 사고방식 및 성향에
미치는 요인. 디지털용복합연구. 14(8),
527-536.

김항인, 이승범(2016). 스포츠 철학적 관점에서 본 스포츠 도핑행위. 홀리스틱교육연구. 20(2), 15-28.

남기연(2007a). 도핑선수의 법적책임. 스포츠와 법, 10(4), 105-140.

남기연(2007b). 반 도핑법에 관한 논의: 독일의 입법 과정을 중심으로. 중앙법학, 9(3), 445-473.

남기연(2015). 현대적 범죄와 그 개선방안: 도핑징계의 이중처벌에 관한 고찰. 홍익법학. 16(2), 53-77.

남기연(2016). 도핑선수 신상공개의 적법성에 관한 고찰: WADA-CODE를 중심으로. 스포츠와 법. 19(3), 1-17.

당화성(2004). 체육계열학과 지망생들의 스포츠도핑 실태조사 분석. 미간행 석사학위논문. 한국교원대학교 대학원.

박기영, 김한철, 이선애 외(2008). 베이징 패럴픽에 참가하는 국가대표선수의 영양보조물 섭취 형태와 도핑의식 분석. 재활복지. 12(3), 55-69.

박보현(2016). 도핑의 재해석: 울리히 백의 성찰적 근대성을 중심으로. 한국시큐리티융합경영학회지. 5(3), 22-34.

박영수(2011). 경쟁스포츠에서의 도핑행위에 대한 국가간섭의 필요성. 산업경제연구, 24(5), 3041-3066.

박영수(2013). 경쟁 스포츠에 있어서의 도핑행위. 한국부패학회보. 24(5), 3041-3066.

박은균, 김종채(2015). 프로스포츠 반도핑 정책 개선방안: 한미프로리그 비교 중심. 스포츠와 법. 18(1), 37-63.

박신욱(2012). 도핑으로 인한 스폰서 계약의 침해와 위약금을 통한 스폰서 보호에 관한 연구. 법학연구, 15(3), 499-525.

소홍렬(1985). 윤리와 사고. 서울: 이화여대출판부.

송형석(2006a). 도핑은 왜 비도덕적인가? 도핑금지담론의 비판적 고찰. 한국체육학회지, 45(4), 31-39.

송형석(2006b). 함께 읽는 체육, 스포츠이야기. 대구: 계명대학교 출판부.

송형석(2010). 도핑의 예를 통해서 본 근대스포츠의 이중성. 한국체육학회지, 49(3), 11-19.

심승구, 김미숙(2008). 여성해방과 동독: 동독스포츠 성장의 명암. 체육사학회지, 13(1), 97-109.

엄욱봉, 장연(2010). 중국 반도핑법규의 체계에 관한 연구. 스포츠와 법. 13(1), 238-250.

여인성, 함정혜 역(1995). 스포츠와 사회가치. 서울: 보경문화사.

연기영(2017). 2016리오올림픽 국제스포츠중재재판소 반도핑중재부의 규정과 활동. 스포츠와 법. 20(1), 3-25.

윤석찬(2010). 스포츠선수의 도핑과 민사책임 법리. 스포츠와 법, 13(3), 11-33.

이문성(2010). 아리스토텔레스 사상에 근거한 도핑 문제. 미간행 박사학위논문. 한국체육대학교 대학원.

이문성, 정재은(2008). 스포츠철학에서의 도핑연구 경향. 움직임의 철학: 한국체육철학회지, 16(4), 85-103.

이문성, 손재현(2009). 전신수영복은 기술도핑인가? 스포츠윤리학적 접근. 움직임의 철학: 한국체육철학회지, 17(4), 161-171.

이문성(2011). 아리스토텔레스의 질료형상설과 반도핑 연구. 움직임의 철학: 한국체육철학회지. 19(4), 61-73.

이문성(2014). 유전자도핑과 생명윤리: 스포츠를 중심으로. 움직임의 철학: 한국체육철학회지.
22(2), 155-175.

이승훈, 김동규(2011). 도핑의 변천과 반도핑의 정당
성 논의. 움직임의 철학: 한국체육철학회지.
19(1), 15-32.

이승훈, 이현우, 최봉암(2014). 엘리트 골프선수들의
반도핑 경향에 대한 근원적 분석. 골프연구.
8(1), 7-17.

이승훈(2015). 의무론적 관점에서의 도핑검사 비판론
과 개선방안. 움직임의 철학: 한국체육철학
회지. **23(3)**, 81-100.

이승훈, 김동규(2015). 도핑검사 확대와 관련한 쟁점
및 실행과제. 움직임의 철학: 한국체육철학
회지. **23(1)**, 43-62.

이승훈, 이상태, 권태동(2015). 엘리트 유도선수들의
반도핑 경향에 대한 근원적 분석. **17(4)**,
53-66.

이승훈, 주동진(2016). 선수들이 체감하는 도핑검사
방법의 실태와 과제: 여자 엘리트 수영선수
를 중심으로. 한국스포츠학회지. 14(4),
731-740.

이종현, 황석원(2012). 도핑에 대한 엘리트스포츠 지

도자의 가치관 연구. 한국사회안전학회지. 8(2), 199-221.

이태희, 강창균, 정원상, 이만균(2017). 엘리트 운동 선수의 한양 복용과 도핑에 대한 체육지도 자와 한의사의 인식 조사. 한국체육학회지. 56(2), 565-575.

이학준(2013). 도핑금지, 왜 당연한가?: 도핑금지의 비판과 도핑허용의 성찰. 스포츠인류학연구. 8(1), 57-81.

이호근(2010). 존재론적 접근을 통한 도핑문제와 스 포츠의 미래. 움직임의 철학: 한국체육철학 회지, 18(2), 87-98.

임석원, 손환(2009). 스포츠윤리에서 도핑의 문제와 공정성. 철학탐구, 25, 215-246.

임혜연(2016). 도핑의 증거 확보와 법적 책임에 관 한 연구.비교법연구.16(2), 127-157.

장재욱(2017). 스포츠 integrity보호를 위한 제도개선 의 방향: 한국의 현실과 동아시아 협력의 관점에서. 스포츠와 법. 20(2), 3-20

전훈(2017). 프랑스 도핑방지 법제의 내용과 시사점. 경희법학. 52(2), 169-192.

정종훈(1996). 윤리적 측면에서 본 운동수행중의 도평에 관한 연구. 동아대 스포츠과학연구논집, **14**, 15-22.

조성식 역(2010). 스포츠비판사회학. 서울: 범한서적 주식회사.

조한무(1989). 올림픽과 도핑에 관한 연구. 인천교육 대학교논문집, **23(1)**, 259-281.

조현철, 전영천, 변신규, 김종식(2013). 남자 청소년 태권도 선수들의 건강보조물 섭취와 도핑인식에 관한 연구. 한국웰니스학회지. **8(3)**, 111-122.

천윤석, 강성기, 이근일, 김종규(2010). 엘리트 선수들의 도핑교육에 따른 운동영양 보조물 이용과 도핑인식. 한국체육학회지. **49(4)**, 437-445.

최덕묵(2002). 스포츠에서 약물복용과 치료를 위한 전략 모색. 성결신학연구. 7, 225-235.

최신섭(2008a). 도핑의 민사법적 효과. 스포츠와 법, **11(1)**, 131-151.

최신섭(2008b). 스포츠도핑의 입증책임. 스포츠와 법, **11(4)**, 357-372.

최신섭(2011). 도핑선수에 대한 스포츠단체의 징계권 제한과 선수보호. 스포츠와 법, **14(3)**,

171-195.

최신섭(2013). 도핑의 규제와 책임. 민사법이론과 실무. 16(2), 135-168.

최신섭(2016). 도핑선수에 대한 스포츠단체의 제재와 민사법적 책임. 비교사법. 23(2), 619-650.

최의창 역(2003). 마인드 스포츠. 서울: 무지개사.

한도령(2010). 에어도핑의 윤리성 문제. 움직임의 철학: 한국체육철학회지, 18(3), 143-160.

황의룡, 김태영(2014). 스포츠세계의 반도핑 정책의 전개과정(1968-1999). 의사학. 23(2), 269-318.

황정현(2008a). 반도핑에 관한 이분법적 해석. 한국체육학회지, 47(5), 15-23.

황정현(2008b). 도핑에 관한 아리스토텔레스주의적 접근. 움직임의 철학: 한국체육철학회지, 16(4), 31-44.

황정현(2011). 스포츠과학기술과 반도핑. 움직임의 철학: 한국체육철학회지, 19(3), 37-53

황정현(2016). 아리스토텔레스의 체육사상(15): 무지에 의한 도핑책임론. 56(3), 47-56.

Brown, W. M.(1980). Ethics, drugs and sport. *Journal of the philosophy of sport, 7*, 15-23.

Brown, W. M.(1984). Paternalism, drugs, and the

nature of sports. *Journal of the philosophy of sport, 11*, 14-22.

Gardner, R.(1989). On performance-enhancing substance and the unfair advantage argument. *Journal of the philosophy of sport. vol. 16,* 59-73.

Lavin, M.(1987). Sport and drugs: Are the current bans justified?. *Journal of th philosophy of sport. vol. 14,* 34-43.

Morgan, W. J, Meier K. V. & Schneider A. J(Eds).(2001). *Ethics in Sport.* Human Kinetics.

Nam-su, Kim (2006). Critical policy analysis of athletes and drugs: Empowering before sanctioning. 한국체육정책학회지, 8, 39-51.

Hyland, D. (1990). *Philosophy of Sport.* New York: Paragon house.

Thomas, Carolyn E.(1983). *Sport in a Philosophic Context.* Philadelphia: Lea & Febiger.

Vorstenbosch, J.(2010). Doping and cheating. *Journal of the philosophy of sport.* 37, 166-181.

📖 이학준

· 한림대 철학과
· 고려대 대학원 체육학과 석사 및 박사
· 전) 한국스포츠인류학회장
· 전) 한림대 한림철학교육연구소 연구조교수
· 현) 대구대 한국특수교육문제연구소 연구교수

<저서>
· 스포츠, 삶을 바꾸다 (2013)
· 성찰하는 스포츠(2014)
· 영화로 만나는 스포츠 (2014)
· 공정한 스포츠, 행복한 스포츠 (2014)
· 싸우는 스포츠 (2015)
· 철학하는 태권도 (2016)
· 두 글자, 일상과 운동을 엿보다 (2016)
· 처음 읽는 태권도인문학 (2016)
· 체육학 책읽기 (2017)